実名告発
創価学会

野口裕介・滝川清志・小平秀一

金曜日

実名告発　創価学会

〈目次〉

装丁／本文レイアウト◎宮川和夫事務所

実名告発　創価学会

プロローグ

東京・信濃町。創価学会の会員が世界中から集い合うこの地には、創価学会本部をはじめ、広宣流布（※1）を誓う勤行会《ごんぎょうかい》が行なわれる「広宣流布大誓堂」や創価文化センター（展示施設）、聖教新聞本社など創価学会に関係する主要な建物が建ち並ぶ。

ここは創価学会員であった私たちにとって、人生の師匠である池田大作先生との出会いを幾重にも刻んできた大切な場所。数年前まで、私たち3人が創価学会の本部職員として勤務していた職場でもある。その場所で私たちは〝創価学会史上空前〟の行動を起こした。

2016年7月3日、広宣流布大誓堂前に立ち、サイレントアピールを行なったのだ。まさか、この場所で学会本部に対して抗議するために横断幕を掲げて立つことになるとは……。

手作りした横断幕を広げ、３つのメッセージを掲げる。

「安保法制に　反対の声を上げる　会員を処分するな!!」

「安保推進の公明党を　支援することは　創価三代に違背している！」

「安保法制を容認し　師匠に敵対する　執行部は退陣せよ！」

いわゆる「安全保障関連法制」反対のための抗議行動だ。

ただ、国会前で行なわれているデモと違うのは、参加した全員が現役の創価学会員か、もしくは私たちのような元創価学会員であるということ。この日のために集まったのは総勢35名。創価学会の婦人部、壮年部、そして青年部のメンバーが思い思いのプラカードや横断幕を掲げる。中には、創価学会を象徴する青、黄、赤の特大の三色旗を振る学会員もいた。

みんな創価学会を想い、師匠池田先生を想うがゆえに、創価学会と公明党が安保法制を推進していることに疑問を持ち、反対の声を上げてきた。

参加者の中のある人は、創価学会の地元組織の幹部に対し、「この安保法案は、池田先生が言われてきたことと真逆です。それを公明党が認めるなんておかしいじゃないですか！」と訴えた。すると、突然その人は会合に呼ばれなくなってしまった。またある人は、安保法制反対を表明したことで組織役職を外される。そして「共産党だ！」「反逆者だ！」とレッテルを貼られ、組織内で挨拶しても無視されてしまう状況になった。創価学会員として30年、40年以上も懸命に闘ってきた人たちだ。

安保法制反対のデモに参加していたある壮年部の男性は、公明党がなぜ安保法制を推進するのか尋ねようと地区部長宅を訪問すると、取り付く島もなく玄関先で追い返された。さらには、近所の駅で会っても無視されたという。しかし、彼ら彼女らは、時に心が折れそうになっても、「わがことよりも創価学会を護るんだ!!」との信念を燃やしていた。非難されてもなお横断幕を掲げ、正義を叫ぶその姿に私たちは涙が溢れた。

創価学会から受けた除名処分

「創価学会史上空前の学会本部前での学会員によるサイレントアピール」

なぜ、私たち3人がそうした行動を起こすことになったのか。それは、私たちが創価学会職員として在職していた時に体験した出来事と深く関係していた。

２０１２年10月12日、私たちは創価学会職員を即日懲戒解雇された。理由は、職員幹部に対話（お互いの考えを理解し合うための話し合いや、手紙のやり取りなど）を求めたことが「宗教法人の業務の遂行を著しく妨害する行為に当たる」というものだった。

このため、私たち3人は解雇無効を訴える裁判を提訴した。そして、学会本部と係争している最中の２０１４年6月18日、私たちは創価学会から除名処分を受け、創価学会員である権利すら奪われたのである。

この懲戒解雇、除名処分に至るまでに、私たちは創価学会の中でさまざまな処分を受けてきた。

はじめは創価学会員としての活動を禁止する「4カ月の謹慎処分」、次に「4カ月の謹慎延長処分」、そして「全役職解任処分」という三度にわたる処分を受けた。続いて職場では、私たち3人は次々と学会本部から地方へ配置転換され、著者の一人である滝川清志は神奈川県へ、小平秀一は福岡県へ、野口裕介は香川県へと半年ごとに異動させられる。

その後、私たちは学会本部内の職員懲罰委員会にかけられ、譴責処分を受けた。そして、その1年後には懲戒解雇処分を下されたのである。

これらすべての処分を、私たちは真摯に受け入れてきた。そして、処分を受けながらも、職員幹部が私たちや共に役職解任となった会員に抱いていた偏見や誤解を解きたいと思い、必死に手紙を書き対話を求め続けてきた。

私たちが懲戒解雇になるまでの4年半の間に、職員幹部や懲罰委員会などに書いた手紙や書面は合計118通、1333枚にのぼった。職員幹部宛の手紙には、「自身に反省すべき点があるならば反省したい」との思いを綴り「一度でもいいから話をさせていただきたい」と懇願した。

しかし、職員幹部は誰一人として私たちの声に耳を傾けてくれることはなかった。それでも諦めることはできなかった。

「同じ弟子であり、同じ信仰を持った同志だ!」

忍耐に忍耐を重ねながら対話の懇願をし続けた。

私たちがどこまでも相手を信じ、対話を求める手紙を書き続けた理由。それは、私たちは3人とも、創価学会の中で「福子《ふくし》」（福運のある子）と呼ばれる学会2世、3世であり、物心のつくころから「創価学会は絶対なる善の団体である」と深く信じ、どこまでも職員幹部を信じていたからである。

私たちは幼い頃から両親が熱心に信仰に励む姿を見て育ち、近所の学会員が訪れるわが家には、いつも温かな触れ合いがあった。自然に、両親が人生の師匠と仰ぐ池田先生のことを、子どもながらに「センセイ」と呼ぶようになり、いつしか私たちの中に「創価学会は絶対に正しい」という感覚が染みついていった。私たちが創価学会本部の職員を志願したのも、「自分を育ててくれた創価学会と師匠池田先生にご恩返しがしたい」という純粋な思いからだった。

しかし、絶対なる善の創価学会の中で、考えられない事態が起こる。

２００４年から２００７年にかけて、突然、私たちの後輩の本部職員たちが、創価学会の会合の場で、一会員に対して名指しで誹謗中傷を繰り返すという事件が発生したのだ。後輩の職員たちは、一会員の名前を挙げて、「福岡大祐は暗黒時代をつくった！」「前体制は暗黒時代だった！」と繰り返し誹謗。多い時には１０００人ほどの参加者を前にして行なったという。

創価学会本部の職員は、本来、学会員に尽くすべき立場だ。その職員が、不特定多数の会員の前で同志を誹謗するという、考えられないようなことを行なった。それも、本人のいないところで繰り返し行なわれたのだ。

これは清浄な創価学会の団結を破壊する行為であり、「破和合僧（※２）」と呼ばれる創価学会の中で最も悪いとされている不正行為だった。

そして次第に、この事件には、裏で多くの創価学会青年部職員の最高幹部たちが関与していることが見えてきた。誹謗された福岡が多くの会員から信頼されていることを、青年部職員の幹部たちは快く思わず、福岡を排除しようと画策していったのではないか。「池田先生の近くにいる本部職員を尊敬しろ」――職員幹部の堕落と醜い嫉妬が蔓延していたのである。

この問題を解決するために誹謗中傷行為を繰り返した職員らに話し合いを求めた私たちと会員たちは、本部指導監査委員会にかけられた。ところが、監査委員会は全員が本部職員（弁護士を含む）で構成されており、本部執行部の了承を取った上で、一会員の弾圧に関わった青年部職員幹部たちの不正行為に蓋をしたのである。

〝悪い情報は隠蔽する〟。ここに私たちが体験してきた学会本部の悪しき体質が露呈した。

そして、監査委員会は私たちや会員に対して、「今後この問題に触れないように」と口止めをする誓約書を出させるという結論を出したのである。

「この監査は絶対におかしい」

自然とそう思った。

「この結論を自分は本当に認めて良いのだろうか」

しかし、そう思う心とともに臆病な心が自分たちを襲う。

「この誓約書に名前さえ書けば、もうこの問題から……」「もし、ここで誓約を拒否すれば、多くのものを失うのではないか……」

そして、同じく監査にかけられた同志からの突然のメール。

「苦し過ぎます。自分には耐えられません」

共に声を上げた本部職員・公明党職員が一人ひとり誓約していく。

毎日毎日、誓約書を見つめ御本尊に向かい、題目を唱えた。苦しさに池田先生を思い涙が出た。

「どうすれば良いのか……」

私たちは、先述したように「福子」である。そして創価学会本部で約10年働いてきた本部職員だ。

創価学会本部の公式機関である監査の結論に疑問を抱くことは、「自分の信仰が浅いのではないのか」「自分が悪いと認められない弱さが自分にはあるのではないか」と自分たちを責めては葛藤を繰り返していく。

しかし、どう考えてもあの監査のやり方、そして結論は、権力という力を利用した汚いものに感じてならない。自身の行動を振り返りながら、池田先生の指導集や著作をむさぼるように読んだ。読まねば前に進めなかった。

「問答無用の壁が立ちはだかろうが、対話の旗を降ろしてはならない！」「一度で聞かなかったら、二度、三度と言っていきなさい！」「自身に嘘、偽りなく誠実に生きなさい！」「あなたが納得して生きなさい！」

温かな希望の光のような師匠の言葉に、涙が止まらなくなった。

「私はこの師匠池田先生への恩返しのために創価学会の本部職員となったのだ！」「諦めてなるものか！」

そこで私たち3人は、先述したように然るべき職員幹部の方々に手紙を書く決意を固める。そして何度も、監査の結論に納得するために対話を懇願していくことになる。

しかし、私たちの話を聞こうとする人は誰一人としていなかった。

師匠の指導を読めば読むほど、師匠の仰せに照らし、学会本部の判断、そして対話を拒否する職員幹部の振る舞いが正しいとは、どうしても思えなかった。

それまで、私たちはずっと創価学会は絶対の善であり、学会本部もまた完成された世界だと信じ抜いてきた。しかし、自分たちが学会本部の中で苦難の壁と向き合う中で、はじめて学会本部を「完成された世界」として絶対視することが間違いであることに気付いた。

当たり前と言えば、当たり前の話である。しかし、私たちの中で「学会本部は未完成である。未完成なるが故に完成を目指し、不断の努力と勇気の行動を起こす闘いこそ重要なのだ。その闘いの中に完成はあるのだ！」と心の底から思えた。

私たちが学会本部の中で体験してきた未完成ゆえの対話不在の問題は、師匠が望まれる学会本部を築く上で、絶対に乗り越えなければならない問題だと感じたのである。

弟子があぐらをかいている状況

こうした中、私たちは新たな問題に直面した。

それは学会本部で経費を私的に使いこんだ問題(横領疑惑問題、第4章で詳述)を起こしたグループの一人であるといわれている中村伸一郎という職員が、現場組織の一会員を〝侮辱〟し、いじめるという事件である。

まさにその4年前に私たちが誓約を迫られた時と同じように、職員が会員を見下し〝侮辱〟するという問題だった。学会本部はその本部職員を叱責するどころか、勇気の声を上げる会員たちを次々と除名処分にしていく。

私たちは、職員幹部らに、その無実の会員の声を聞いてほしいと何度も連絡をし、対話をしてほしいと懇願する。しかし、やはり一切無視。そして、話を聞いてほしいと必死に連絡を取ろうとした私たちの行為が「業務の遂行を著しく妨害する行為である」として懲罰委員会に掛けられることになる。結果は、即日懲戒解雇。さらに創価学会を除名処分となっていく。

２０１４年7月、今度は、公明党が集団的自衛権の行使容認の閣議決定に賛成し、学会本部がその公明党の判断を容認するという考えられない状況が起こる。その1年後の２０１５年9月には、公明党は連立を組む自民党とともに安保法の強行採決を行ない、可決・成立させてしまう。

これは、師匠が築かれた絶対平和の思想と真逆の方向である。弟子の手によって、師匠の思想が破壊された瞬間だった。

――「安保法の強行採決」「本部職員の不正」――

自分たちは学会員ですらなくなった。もはや部外者であり、何かを言える立場ではないのかもしれない。しかし、これほどまでに大きな問題に出合った意味を考えた時、たとえ本部職員を解雇され、創価学会を除名された身であっても、大恩ある創価学会のために、師匠池田先生の弟子として生き抜きたいと心から思った。

そして、やむにやまれぬ思いで2015年8月31日に「元創価学会職員3名のブログ」を立ち上げた。

そこでは実名を公表し、安保法制反対の意思を表明した。

多くの学会員の方々に、自分たちが学会本部の中で体験してきた出来事を伝えることで、今の学会本部には「本部執行部や職員幹部にとって都合の悪いことを隠蔽する官僚主義化、権威主義化した危機的な状況がある」ことを知ってほしいと思った。

そして今、公明党と創価学会が師匠の平和思想に明らかに反する安保法制を推進しているその根本原因が、創価学会本部にあるという真実を、私たちはブログで書き綴らなければならないと考えたのだ。

するとブログ読者から、たくさんの共感の声が届けられ、共に安保法制反対の行動を起こしていきたいとのメールをたくさんもらった。みんな、師匠池田先生のため、創価学会のために、勇気ある行動を起こしている人ばかりだった。

私たちは創価を憂える同志の人々との連帯を決意し、2016年2月に横浜の地で、第1回となる座談会を開催する。その後、座談会を3回行ない、創価を憂える人々との善の連帯を拡大してきた。みんな真剣に、地元組織で孤軍奮闘している人ばかりである。「私たち弟子の一人ひとりが今こそ、『山本伸一』（池田名誉会長のこと）となって立ち上がる時だと思います！　師匠の創価学会を守っていくために、この連帯をさらに拡げていかなければならないと決意しています！」という参加者の真剣な声が心に残っている。

そして前述した通り、２０１６年7月3日、学会本部を変革するために、「断固、安保法制反対！」と叫ぶ35名の同志とともに、史上空前の「学会本部に対する現役および元・創価学会員によるサイレントアピール」を行なうことになったのである。

本書では、私たちが創価学会を除名されるに至った経緯や、学会本部の「官僚主義化、権威主義化」を象徴する「横領」疑惑問題と、それに深く関与したといわれている職員中村の〝暴言〟が発端となった会員除名問題、そして私たちそれぞれが職員として体験し感じてきた学会本部の実態をありのままに記していく。

師匠は言った。「学会をよくするためには、どんなことでも勇気をもって言い切っていきなさい」（池田名誉会長・2006年3月28日付『聖教新聞』）。学会本部は今、師匠である池田名誉会長の平和思想に反し、明らかに間違った方向に向かっている。創価変革のために私たちが本書を執筆することを、池田先生は必ず喜んでくださると確信している。そして、学会本部はもちろん、日本社会がこれ以上、間違った方向にいかないよう、一石を投じたいと願っている。

なお、本書ではすべての登場人物の敬称を略する。

【注釈】

（※1）広宣流布（こうせんるふ）
日蓮大聖人の仏法を弘め、一人ひとりの幸福を根本として社会の繁栄と世界の平和を実現していく運動。（小平記）

（※2）破和合僧（はわごうそう）
仏法を行じ、弘めゆく人々の団結を破壊すること。仏法上、最も重い5つの大罪（五逆罪）の中の一つ。広宣流布を進める創価学会の団結を乱す行為を指す。（小平記）

第1章
安保法制容認は
名誉会長の意思とは真逆だ

私たちは２０１２年10月12日、創価学会本部を即日懲戒解雇となった。創価学会職員として13年半勤めてきた最後の日、創価学会・職員懲罰委員会から処分を通告される。

「貴殿を、懲戒解雇処分とする」

一瞬、目の前が真っ暗になった。そして、無意識に心の中で叫び続けていた。

「先生！　池田先生！　先生！」

組織に意見する人間を排除する学会本部

詳細は第４章で記すが、２０１２年、神奈川県内の地元組織では、婦人部員の小林貴子をはじめ、多くの会員同志が、職員・中村伸一郎によって苦しめられていた。

学会本部は幹部職員である中村を処分することもなく、何も悪いことをしていない会員たちを、次々と除名にしていく。会員は人生の基盤とも言える信仰を奪われ、苦悩を強いられていた。この状況に、私たちは黙る訳にはいかず声を上げたのだ。しかし、そのことで私たちは、創価学会から解雇を言い渡された。しかし師匠池田先生に誓って、自分は弟子として一切悪いことはしていないと心から思えた。一会員を救済するために職員の不正行為に声を上げるという、本部職員として当然のことをしただけである。

「何としても無実の会員同志たちの正義を証明したい。そして職員の不正と闘った勇気ある会員に対する不当な除名処分を、解かねばならない！」

職員を解雇となった私たちには、学会内部のルートで問題を解決していくことは難しくなった。ならば司法の力を用いて、まずは自分たちの懲戒解雇の不当性を明らかにしなければ先には進めないと考えた。

学会本部に対して裁判を起こす——。正直、葛藤はあった。生まれた時から創価学会の中で育てられた自分たちである。しかし、自分たちが信仰している「創価学会」に対して裁判を起こすわけではない。あくまで「学会本部の懲罰委員会が下した不当な解雇と闘う」のだ。この状況で裁判を起こさないならば、学会本部で見てきた目の前の問題から逃げ、本部執行部をはじめ職員幹部の不正を認めることになる。創価学会を思うからこそ、裁判を起こすことは正しいと思った。

ただ、実際に裁判で闘うとなれば弁護士費用などお金もかかる。懲戒解雇となり収入が途絶えた今、はたして2、3年はかかるであろう裁判を続けていけるのかどうか。さすがにそのときにあった貯金では闘えない。

闘いをやめれば、すべてが終わる。壁にぶつかり、苦しい状況になればなるほど、御本尊に向かい、必死に祈るしかなかった。すると、共に役職解任処分となり、闘ってきた会員同志から話があった。同志はこう言うのだ。

「裁判をすぐに起こすべきだ！　お金はないはず。お金は僕らが力を合わせてなんとかする。師匠との誓いを護り、正義を貫くんだよ！」

その真心にただただ申し訳ないと思った。

「本当に……本当に申し訳ないです……」

同志はさらに続ける。

「大事なことはお金ではない。正義を為すかどうかだ！」私たち3人の目に自然と涙が溢れた。その真心に甘えるつもりは毛筋ほどもない。しかし、その心に涙が止まらなかった。

「お金は……お金は……借りたお金は必ず必ず返します！」

震える声で伝えた。すると、同志は笑顔で言う。

「今世で返せなければ来世でも良い。とにかく創価のために一緒に貧乏生活を味わおうじゃないか」

聞いている他の同志のすすり泣く声が聞こえる。自分たちは嗚咽をこらえて伝えた。

「返せなければ僕は悪です！　人生をかけて、必ず必ず返します！」

同志は真剣な表情で語った。

「『生きるも死ぬも一緒だ』って言ったじゃないか！　役職解任になったあの時僕らは誓い合ったじゃないか！　僕らは絶対に忘れない！」

同志の頬に涙がつたった。

師弟に生き抜く同志に出会えたこと。これが私たちにとって最大の幸福である。

決心は固まった。「なんとしても裁判で解雇無効を勝ち取り、職員として復帰し、本部を中から変革する。師匠のため、創価学会のために、この裁判に断じて勝つ！」

解雇から2カ月後の２０１２年12月17日、私たちは懲戒解雇処分の無効を求める裁判を、東京地方裁判所に提訴する。

多くの同志の思いと共に、学会本部との裁判闘争を開始。しかし、この裁判の中で、私たちは考えがたい数々の問題を体験することになる。

〝捏造〟証拠を提示する学会本部側の弁護団

年が明けた２０１３年1月31日、学会本部は、私たちを解雇した理由となる「宗教法人の業務の遂行を著しく妨害する行為」の証拠として、職員局人事部の小倉賢三担当部長（当時）が作成した報告書を提出した。

その報告書には、私たちが２０１１年10月から翌２０１２年8月までの約10カ月の間に、職員や役員らにかけたとする電話、送付した手紙、送信したメールなるものがエクセル表に一覧化されていた。どれも小倉の手作りの一覧表である。

ところが、電話の一覧表では、明らかに私たちが電話をかけていない履歴が大量に記載してあったのだ。私たちの記憶の倍以上の数だった。

私たちは、真実を解明するため学会本部の訴訟代理人である6人の弁護士らに「一覧作成時に用いた原本データ」の提出を求めた。しかし、学会本部側の弁護団はそれを拒否して最後まで提出しない。〝捏造〟証拠で人を貶めようとする学会本部側の弁護団のやり方に、怒りが込み上げてならなかった。

さらに学会本部の弁護団は、かつて私たちと共に本部指導監査委員会にかけられた公明党職員の台東（仮名）の陳述書を提出し、私たちを徹底的に排除しようと画策してきたのだ。

もともと台東は、本部職員の和歌山（仮名）らが会合の場で会員福岡大祐を名指しで誹謗中傷するという不正行為を3年（2004年～2007年）にわたって繰り返したことに対して、私たちと共に声を上げた地元川崎の同志の一人であった。台東は、2008年5月の監査委員会にも呼び出され、その時は私たちと同じく誓約することを拒否した。

しかし、その後、監査委員会の中心者であった緒方博光副委員長は、地元組織の問題であるにもかかわらず、台東の上司である大石清司公明党本部総務委員長に「台東の説得」を勧告する。大石委員長は、職場で何度も台東を呼び出し、さらには自宅を訪問して誓約書へ署名するよう説得を繰り返した。その結果、監査から半年後の2008年11月末、とうとう台東は署名したのである。

この時、台東から私たちにメールが送られてくる。

「皆さん、申し訳ありません。誓約書にサインをしてしまいました。苦し過ぎます」

あれから5年、私たちは、その台東の名前を裁判の陳述書で目にして驚いた。

「一体、この解雇裁判と台東が、どう関係があるというのか」

しかし、学会本部は、すでにこの時に、私たちを徹底的に排除すると決めて手を打っていたことが後に分かるのである。

台東の陳述書には、「2008年に監査委員会が組織内組織と認定した福岡を中心とする足軽会なるグループが、今でも存在し続けていると思っている」旨が述べられていた。そもそも、この「組織内組織」なる造語には、定義はない。

そうした意味の定まらない言葉は、それを読む側に恣意的な判断を許すことになるのではないだろうか。

また「足軽会」とは、当時、川崎学生部同世代の親睦活動に名前を付けたものにすぎなかったのだが、それが利用されてしまったのだ。

台東は陳述書で「自分も組織内組織にいた」と主張。２００８年の監査委員会の際に「組織内組織など存在しない」と主張して誓約しなかった私たちが、まるで「嘘つき」であるかのようなイメージを裁判所に植え付けようとする書面であった。

「組織内組織」の意味が、「学会本部に反逆するグループ」であったならば、そのようなグループは存在していない。また、会員福岡がグループの中心者であるということも虚偽である。むしろ福岡は、本部職員の和歌山たちから名指しで誹謗中傷された最大の被害者だ。

このように台東の陳述書には、私たちの解雇理由とは全く関係がなく、しかも事実ではない内容が意図的に書かれていた。

「事実でないことを学会本部の弁護士に言われるがままに書かされたのだろ

う」

そう思うと、私たちは怒りが込み上げた。

しかし、その後、学会本部が台東にそうした陳述書を書かせた意味が目に見える形となって現れるのである。

創価学会から私たちが除名処分に

まず、陳述書の提出から約3カ月後の2013年10月30日、なんと福岡に対して地元組織から除名申請がなされた。福岡は必死に、除名申請の理由について尋ねる質問状を出したがまともな返答はない。そして、わずか1カ月半後の同年12月18日、一度の事情聴取すら行なわれず福岡への除名処分が決定した。

除名理由は、「組織内組織」の中心者として今もグループを維持し、創価学会の秩序を乱し会員に迷惑を及ぼした、とするものであった。福岡は台東の学生部の先輩であり、常に台東を励まし活躍を祈ってきた。しかし、その台東の陳述書によって福岡は創価学会から除名された。

さらに、この時福岡は、月に1回行なわれる創価学会の座談会に、折伏《しゃくぶく》した妻と幼い2人の子どもと一緒に時折参加していただけで、組織からの連絡も家庭訪問もなく村八分状態であった。創価学会や会員に迷惑を及ぼした事実などまったくなかったのである。

そして2014年5月8日、今度は私たち3名に対する除名審査の呼び出し通知が届いた。学会本部は、私たちと解雇無効の裁判で争っている最中であるにもかかわらず、除名審査にかけたのだ。除名申請の内容は、「懲戒解雇理由」と重なる内容である。

すぐに私たちは、「裁判と審議内容が重複するため、裁判終了後に正否がはっきりするまで除名審査を留保すること」を要請した。しかし、審査機関である創価学会神奈川県審査会は「除名審査手続きと裁判は別異の手続きであり留保は認めない」と返答。そして、1カ月半も経たない6月18日付で、私たちは除名処分を下された。

福岡の除名処分から、ちょうど半年後のことである。私たちの除名理由は、福岡に対するものとほぼ同じく、「組織内組織」を作り、創価学会と会員に迷惑を及ぼしたとするものであった。

しかし、著者である滝川と野口は月に一度の座談会に時折参加する程度で、小平に至っては座談会の参加すら控えており、学会組織や地元の会員との接点は全くなかった。

学会本部の弁護団は、解雇裁判の中で、「会員資格を失った場合には解雇される」という規定があることをたびたび強調していた。まさにその主張の通り、私たちは会員資格を奪われ、解雇無効裁判で勝訴しても、職員として復帰する道は絶たれることとなった。学会本部は監査委員会の誓約書に署名した台東を利用し、私たちの職場復帰の可能性を徹底的に排除してきたのである。

私たちは、裁判中の除名処分により創価学会員ですらなくなってしまった。しかし、師匠池田先生の弟子として生き抜くことに変わりはない。私たちが生きる目的は、師匠の命である創価学会をより良く変革することである。

私たちは裁判の中で学会本部の弁護士たちに、「池田先生に問題の一連の経緯や事実を伝えていただきたい。その上で、もし池田先生が『君たちは間違っている』とおっしゃるならば即座に訴訟を取り下げます。そして、自らの責任を取り、本部職員に復帰することは絶対にありません」と宣言した。

しかし、学会本部は私たちの必死の訴えも無視。師匠池田先生へ報告することはできないとした。そして私たちを除名したのである。学会本部のやり方に、もはや学会本部、特に本部執行部の中に、師匠の心は通っていないと思った。

〝コピペ〟したかのような判決文

2014年8月21日、解雇無効裁判の弁論が終結となる。判決日は3カ月後の11月20日とされた。しかし、判決日の1週間前に突然、裁判所から私たちの代理人である弁護士に電話がかかってくる。「判決日を1週間延期する」という通知であった。

通常、結審から判決日まで長くても2カ月程度であり、3カ月かかるのはよっぽどだと弁護士から聞いていた。そのため私たちは、裁判官が3カ月と1週間かけて判決文を書こうとしていることに、真剣に事実を精査してくれているものだと信じていた。

そして、祈る思いで迎えた同年11月27日の判決日。裁判官が判決を下す。

「原告らの請求をいずれも棄却する」

敗訴判決だった。手渡された判決文を読んだ時、悔しさに涙がこぼれた。それは敗訴したことによる涙ではない。判決文があまりに杜撰なものだったからだ。解雇無効裁判の前に地位保全で争った仮処分事件の第一審と第二審の決定文をそのまま繋ぎ合わせただけなのか、誤記まで訂正もされずに、そのまま〝コピペ〟されているかのような判決文だったのだ。

こんなことがあって良いのか。どう考えても、この判決文には、裁判官が精査した形跡はまったく窺えず、3カ月と1週間をかけて書かれたものとは到底思えなかった。約40年、裁判官と弁護士を経験してきた私たちの代理人も、「こんな杜撰な判決は、これまで見たことがない」と呆れかえっていた。

その後、私たちは控訴、上告をする。しかし、控訴審と上告審も、第一審で証拠採用された、職員小倉が〝捏造〟した電話回数一覧表によって、敗訴となる。

またしても裁判所は、「一覧表作成時の原本データ」すら確認せずに、それを証拠採用したのである。

また、弁護士によると、創価学会側が「宗教団体の自律権」を盾にして、「事案の実態が宗教団体内部の紛争に端を発している」旨を主張したため、裁判所は私たちの行為の正否について踏み込んだ判断ができなかったのではないかと言う。

２０１６年10月現在、私たちは、学会本部に対し、懲戒解雇の前に下された譴責処分と配転命令の不当性を争う損害賠償請求事件を係争中だ。学会本部は、労働事件であるにもかかわらず、またしても「宗教団体の自律権」を掲げ、「裁判所の判断事項ではない」「裁判所の審判権が及ばない事項」などと主張し続けている。こうした宗教を隠れ蓑に使うやり方に、私たちは絶対に負ける訳にいかない。不正と闘う中で、いつか必ず内部から真実を語る人間が出ることを信じている。

池田先生のご友人へ手紙を書く

私たちは裁判闘争を続けながらも、今の学会本部の実態を一刻も早く師匠に伝える道を模索していた。

師匠が事態を知れば、すべてが丸く収まるなどと考えていた訳ではない。地元では、無実の会員が学会員とすれ違っても無視されたり、無理解な幹部による「息子さん、反逆したんだって」との批判に家族が分断されたり、会員たちは胸が締め付けられるような苦しい思いをし続けている。1分1秒でも早く会員同志を救いたい、ただその思いだけだった。

かつて2006年6月頃、師匠は本部職員の全体会議で次のように厳しく言われた。

「次の100年のため、悪い職員がいたら報告しなさい」

一体、どうすれば師匠に、職員の不正を伝える手紙を届けることができるのか――。本部職員を解雇になった私たちが、学会本部内のルートで師匠に手紙を届けることは不可能だ。そこで考えた。可能性として残されているのは、世界中にいる師匠の友人から師匠に手紙を渡してもらうことではないか。

「師匠のご友人で、師匠と関係が深く、何より学会本部の問題を親身になって受け止めてくださる方といえば……」

思い浮かんだのは、これまで師匠が対話を重ねてきたノーベル平和賞受賞者である、南アフリカのネルソン・マンデラ元大統領、元ソビエト連邦のミハイル・ゴルバチョフ元大統領、アルゼンチンの人権活動家であるアドルフォ・ペレス＝エスキベル博士であった。みんな、民衆を弾圧する権力と命懸けで闘い抜いてきた偉大なる人権の闘士であり、師匠の世界平和の思想を深く理解している友人である。

「きっと、今の学会本部の中で人権を無視するような会員弾圧が行なわれている実態をお伝えすれば、相談に乗っていただけるのではないか」

解雇となった2012年10月、まずはマンデラ元大統領への手紙を作成し、英語に翻訳する。私たちは、手紙の一字一字に祈りを込めて手書きし、師匠への手紙も日本語と英文の2通を手書きして同封した。この手紙以降、マンデラ元大統領には5通、ゴルバチョフ元大統領には3通、エスキベル博士には2通の手紙を送る。しかし、なかなか返事は来なかった。

さらに私たちは、2013年8月、当時の月刊誌『潮』（2013年5月、6月号）で池田先生との対談が掲載されていたローマクラブの共同代表であるドイツの環境学者、エルンスト・フォン・ヴァイツゼッカー博士にも手紙を書いた。きっかけは『聖教新聞』を見た時、師匠が博士と対談を進めているとの記事が書かれていたからである。対談があれば、私たちの手紙を渡してもらえるかもしれないと思った。

すると1カ月後、なんとヴァイツゼッカー博士から返事が来た。英語で書かれたその手紙には、年末に来日すると書かれていた。早速、インターネットで調べてみると、名古屋大学で講演の予定があることが分かった。

「ヴァイツゼッカー博士に直接お会いできるかもしれない」

千載一遇のチャンスだと思った。そして博士が来日するとなれば、師匠に会う可能性もあるのではないかと思った。2013年12月17日、小平は緊張で胸を高鳴らせながら、新幹線で名古屋に向かった。名古屋大学でヴァイツゼッカー博士の講演会に参加し、講演を終えた博士に声をかけ、博士からの手紙を見せた。博士は「オー」と言って、両手を大きく広げた。早速、博士宛に書いてきた手紙を開いて見せると、博士は、「オーケーサンキュー」と答えた。さらに小平が、「池田先生への手紙もお持ちしたので、手渡ししてください」と伝える。すると博士は、「分かりました。私がダイサク・イケダに渡します」と笑顔で答えた。最後にあらためて感謝を伝え、握手を交わすことができた。

翌日、小平は博士にメールを送った。

〈ヴァイツゼッカー博士、どうかお願いです。昨日お渡しした手紙を池田SGI会長に直接手渡しして頂きたいのです。創価学会の幹部を仲介してではなく、直接手渡しして頂きたいのです。私は池田SGI会長の弟子として、何としても無実の会員を救わなければならないのです。当然、私は自分がすべて正しいと思っている訳ではありません。池田SGI会長が私の行動は間違っていると仰るならば、その責任を受け止め、自身を振り返り、一から学び直します。

ご無理を言って本当に申し訳ありません。しかし今の私は、ヴァイツゼッカー博士にお願いするより他に方法がありません。池田ＳＧＩ会長宛の手紙を直接手渡しして頂けるよう、どうか、どうか、よろしくお願いいたします〉

すると翌日、博士から返事がきた。そこには、〈私はこの手紙を池田先生にお渡しできません〉と書かれていた。博士が言うには、「対談の時ですら池田先生とお会いすることはない」とのことだった。以前に一度だけ池田先生と会ったことはあるが、その後はドイツＳＧＩと日本の学会本部を介して池田先生との対談を進めているということを知らされる。私たちは、世界の友人ですら、師匠に直接手紙を届けることが困難となっている現実を知った。

平和思想に違背する「安保法制」の容認

こうした中、創価の平和思想を蔑ろにする「集団的自衛権の行使を認める閣議決定の問題」が惹起していったのである。２０１４年5月15日、安倍首相が記者会見を行ない、「集団的自衛権の行使容認について検討し、与党協議の結果に基づき、憲法解釈の変更が必要と判断されれば、閣議決定を行う」旨を発表した。

当時は戦後69年、日本が死守してきた平和憲法の核である「第9条」を一内閣が閣議決定という手段で変えようとする動きだ。連立与党の公明党としては当然、看過できない問題だった。この時、公明党の最大の支持団体である学会本部は、次のようなコメントを公表した。

〈私どもの集団的自衛権に関する基本的な考え方は、「保持するが行使できない」という、これまで積み上げられてきた憲法九条についての政府見解を支持しております。

したがって、集団的自衛権を限定的にせよ行使するという場合には、その重大性に鑑み、本来の手続きは、一内閣の閣僚だけによる決定ではなく、憲法改正手続きを経るべきであると思っております。

集団的自衛権の問題に関しては、今後、国民を交えた、慎重の上にも慎重を期した議論によって、歴史の評価に耐えうる賢明な結論を出されることを望み

ます〉（『朝日新聞』２０１４年5月17日付）

この学会本部の公式見解を知ったとき、私たちは、師の平和思想を厳守するもっともな見解だと思った。そして、学会本部が政治に関する具体的なコメントを発表するということは、それだけ創価学会の根本に関わる重大事であり、社会に対する断固たる意思表明だと感じたのである。

私たちは、公明党が平和の党として自民党の「ブレーキ役」になることを期待した。連立を組む自民党に対し、「解釈改憲は違憲である！」と突き付けるものだと信じて疑わなかった。多くの学会員も同じ気持ちを抱いたのではないだろうか。

しかし、信じられない出来事が起きた。２０１４年7月１日、なんと公明党が集団的自衛権行使容認の閣議決定に賛成したのだ。閣議決定の内容には、「特に、我が国の安全及びアジア太平洋地域の平和と安定のために、日米安全保障体制の実効性を一層高め、日米同盟の抑止力を向上させることにより、武力紛争を未然に回避し、我が国に脅威が及ぶことを防止することが必要不可欠である」と明記されていた。

「平和と安定のために、武力による抑止力を高める？」「それは相手国に対する不信の表れではないのか……」

何度読んでも、何かの間違いではないかと目を疑う文章であった。もちろん、私たちは憲法学者でもなければ、法律の専門家でもない。しかし、少なくとも平和のために抑止力を高めるという思考は、創価学会の平和思想とは真逆である。

創価学会の目指す平和は、「対話」という「人間を信じ抜く」行動によって成し遂げられるものだ。創価三代の師匠に貫かれる平和思想は、他者への不信の上に成り立つ「抑止力」なるものを否定した思想である。

また、師匠は2001年9月の『毎日新聞』のインタビューでは、「私は絶対に第9条だけは変えてはいけないと思います」と明確に述べている。

ゆえに師匠が設立した「平和の党・公明党」が、憲法9条を解釈改憲し、集団的自衛権の行使を容認する閣議決定に加担するなど、考えられない事態だったのだ。

師匠・池田大作先生の健康状態への疑念

公明党はどうしてしまったのか――。この時、権力に付き従う道を選んだ弱腰の公明党に対し、5月の声明の時のように創価学会本部が厳然と抗議してくれるものと信じて止まなかった。

「大衆の声を聞くことを忘れたのか！　公明党よ！　目を覚ませ！」と一喝するような声明を期待した。

ところが学会本部は、閣議決定の翌7月2日、「公明党が、憲法9条の平和主義を堅持するために努力したことは理解しています」（『朝日新聞』2014年7月2日付）との声明を出し、なんと閣議決定に賛成した公明党を擁護したのだ。

この報道を目にした瞬間、思わず目を見開き、息が止まった。学会本部までもが、武力・戦力という「抑止力」を高めて平和を築くという、師匠の平和思想とは真逆の安保法制を容認したのである。まさに、「手のひらを返す」とはこのことだった。

この日、テレビでも信濃町の創価学会本部の映像が映し出され、誰もが予想しなかった学会本部のコメントに世間は驚いた。
そして私たちも、学会本部の中で何か異変が起きているのではないかと感じずにはいられなかった。この一大事をどう捉えるべきか、私たちは次のように話し合った。

小平「本部には池田先生がいらっしゃるのに、なぜ、執行部はここまでおかしなことを決断できるのか。師匠の仰せを蔑ろにするなんてありえない」
野口「でも師匠はあえて口を出さずに、弟子にすべてを託す意味で見守られているのかもしれないし」
滝川「いや、それはどうなのか。今回の問題は、創価学会の根本の精神を揺るがす一大事だよ。これで先生が黙っているとは考えられない」
小平「それならば、今、学会本部の中で師匠の影響力が及ばなくなっているということなのか。僕らが思っている以上に、学会本部が狂っているのか」

確かなことは分からなかった。

しかし、本部執行部も師匠の弟子であるはずだ。集団的自衛権の行使を認める閣議決定を容認する声明を出すならば、たとえ、政治上の出来事であっても、師匠に報告・相談をすることが当然ではないのか。

ところが、師匠からの声明は皆無であった。私たちの脳裏に一つの不安がよぎる。

「師匠のご病気は相当、重たいのかもしれない」

師匠にはいつまでも健在であってほしい。しかし、現実的に師匠は高齢である。いつ病気になってもおかしくはない。私たちには師匠の健康状態を正確に知るすべはなかった。

しかし、一番大切なことは師匠が健在であれ、病気であれ、「弟子が師匠の精神を守り抜くために闘う！」という一点である。

この安保法制を進める日本の動向を、もっとも危惧しているのは、日本政府が仮想敵国と位置づけている中国であろう。

師匠は、世界が冷戦の緊張感に包まれている中、中国の歴代の指導者と直接会い、対話によって日中国交正常化を実現させ、日中友好の金の橋を築いてきた。安倍政権の動きは、まさに、その金の橋を破壊する暴挙であり、中国の指導者たちが心穏やかなはずがない。

そこで、私たちは、中国の指導者の人々に手紙を書くことを決意する。2014年10月17日、習近平国家主席に学会本部の執行部の実態を書き綴った次のような手紙を送る。

〈文化大恩の国である貴中国と日本の友好の金の橋は、40年に渡る貴国の偉大な指導者方と創価学会の池田大作名誉会長との死に物狂いの戦いによって築かれてきた偉大な歴史です。そして、その後を継ぐ中日両国の青年を中心とした民間交流によって、地道に信頼と友情を深めてきた歴史です。

習国家主席は言われました。「一般大衆は歴史を作る原動力だ。腹を割って話さなければ、大衆は理解できない」と。

しかし、今日本はこの思想と全く真逆の方向に向かっていることを感じてなりません。戦時中の狂った軍国主義、国家主義に戻ろうとしているように感じてならないのです。貴国を明らかに敵視する「集団的自衛権」の行使容認を虎視眈々と進めているのです。
この手紙を書くにあたって、この日本の「集団的自衛権の行使容認の動き」について認識すればするほど、貴国に対する無礼を感じてなりません。自衛隊発足から60年間守り続けてきた日本の平和憲法を、首相のさじ加減ひとつでどうにでも解釈できるという前例を作ってしまったのです。ほぼすべての憲法学者が違憲と言っている中で、全部無視して閣議決定を強行したのです。政府は国民の話をまったく聞かず、明らかに独裁的になってきていることを感じてなりません。
そして、民衆を無視した一部の権力者による独裁的な動きは、日本政府だけでなく、今、公明党の最大の支持母体である創価学会の中でも起こっています〉
手紙を送ったが、しばらく待っても返信はなかった。私たちは、師匠が信頼を結んできた胡錦濤前国家主席、李克強国務院総理、江沢民元国家主席、唐家璇中日友好協会会長にも同様の手紙を書き送った。そして、２０１４年11月26日、

６人目となる温家宝前国務院総理への手紙を書き上げ、祈る思いで手紙を送る。しかし、その後、中国の指導者から返事が来ることはなかった。

立ち上がる全国の創価学会員

そうしている間も自公政権の暴走は止まらない。２０１５年2月、安全保障関連法案を取りまとめ、5月に国会に提出した。

しかし、この時は全国の憲法学者が黙っていなかった。２０１５年6月4日、衆議院憲法審査会で日本を代表する憲法学者3名が揃って、「安保法案は違憲である」と発言。各マスコミの調査で、憲法学者の90％～95％が「この法案には違憲ないし、違憲の部分がある」と答えた。しかし、多くの心ある国民の心配をよそに、同年7月16日、衆議院本会議にて安保法案が可決されたのである。

この時、師匠を思い、創価学会を思う全国の学会員が陸続と立ち上がっていた。一人の勇気ある学会員、天野達志が２０１５年7月30日、安保法案の白紙撤回を求める署名運動を開始する。さらに、翌月8月11日には、「安全保障関連法案に反対する創価大学・創価女子短期大学関係者有志の会」が立ち上がり、署名活動を展開。師のために、創価の平和思想を守らんと叫び声を上げる学会員の姿に、私たちは感動で心が震えた。

8月30日の国会前デモには、多くの学会員が駆け付け無数の三色旗が掲げられ、その勇姿がテレビや雑誌で報道される。

「本来、あるべき創価学会、公明党に戻ってほしい！」「今の公明党のままでは支援できない！」

現役の学会員が公明党と創価学会の推進している安保法制に反対の意思表明をすることが、どれほど勇気のいることか。

しかし、学会本部は、あろうことか三色旗を振る学会員に次のようなコメントを出したのである。

「法案をめぐる会員の集会や動きは関知せず、公認したものでもありません。当会の名前と三色旗が政治的に利用されることは大変遺憾です」（『東京新聞』

同年8月30日付）

「あくまでも個人の立場の行動と理解しています。昨年の閣議決定は、憲法第九条の平和主義と専守防衛を踏まえたものであり、それに基づく法案の審議が、現在、進められているものと認識しています。その点の理解が進まず、反対されているのであれば残念です」（TBS系列「報道特集」同年9月5日放送）

これまで必死に公明党を支えてきたのは学会員ではないのか。同志の声を聞こうともせず非難するなど、言語道断ではないか。

私たちは解雇・除名となり、学会員ですらなくなった。しかし、会員ではなくても師匠の弟子であると自覚している。不肖ながら師匠の一人の弟子だと自覚した時、強く心に思った。

「どこまでも創価の問題は自分の問題である。師匠の生命ともいうべき学会員を蔑ろにする今の学会本部に対し、自分が声を上げず傍観者でいたならば、もはや師匠の弟子ではいられない!!」

「自身が体験したことを会員さんに知ってもらい、学会本部の問題を共に考え、創価学会をより良くしていきたい。それが今の自分たちにできる師匠と創価学会への僅かばかりの恩返しではないか」

そこで、名前を公表し、学会本部の問題に真正面から取り組もうと2015年8月31日、「元創価学会職員3名のブログ」と題するブログを開始した。しかし、同年9月19日、師匠の平和思想に違背する安保法案は、創価・公明が加担したことによって、強行採決で可決・成立してしまう。

安保法制に関する池田先生の声明がない

公明党と創価学会は、これまで一貫して否定しつづけてきた集団的自衛権の行使を容認し、憲法9条の解釈改憲に加担、さらには違憲の安保法を可決・成立させた。全国では多くの心ある学会員が散々なまでに苦しんでいる。国会前で三色旗を振る会員が「あれは共産党員だ！」と無理解の批判を浴びせられ、地元組織では会合に呼ばれなくなり、孤独な村八分状態に置かれている。創価学会員として30年、40年以上も懸命に、公明党の支援に奔走してきた会員たちが「支援したくなければ支援しなくともよい」と冷たく切り捨てられているのだ。

師匠は小説『新・人間革命』（第1巻「新世界」の章）の中でこう述べている。

「政治上の問題であっても、これを許せば、間違いなく民衆が不幸になる、人類の平和が破壊されてしまうといった根源の問題であれば、私も発信します。いや、先頭に立って戦います」

今般の安保法制は政治上の問題ではあるが、集団的自衛権の行使を容認し、日本を戦争へと巻き込ませかねない大変に危険な法制である。

「間違いなく民衆が不幸になる、人類の平和が破壊されてしまうといった根源の問題」と言っても過言ではない。絶対平和主義の師匠であれば、この状況でメッセージを発信されると考えることが自然である。それにもかかわらず、師匠から何の声明もない。「やはり、師匠は重病で、物事のご判断ができない状態なのではないか」と思えた。


他にもそう思う出来事があった。2015年9月2日、師匠の友人であり、「平和学の父」であるヨハン・ガルトゥング博士が、「安全保障関連法案に反対する創価大学・創価女子短期大学関係者有志の会」に対して、声明文を寄せられた。

それは、「（安保法案反対について、）私の古くからの友人である池田大作氏に呼びかけます」と、師匠に共闘を願う熱きメッセージであった。

しかし、このガルトゥング博士の呼びかけに対して、師匠からは何の反応も出ていない。「一度結んだ友情は絶対に裏切らない」とは、師匠の信念だ。世界平和のために対談集も編まれた知己からのメッセージを無視することなど、絶対に考えられなかった。

不可解な〝老齢人事〟がなされる

さらには、同年11月17日、本部執行部の不自然な新体制人事がなされたのである。74歳の原田稔会長が78歳まで会長職を続投することになり、理事長も61歳の正木正明から74歳の長谷川重夫に交代となり、一回り以上も高齢化した人事が発表された。

この人事を『聖教新聞』で目にした時、自然と涙がでた。こんな人事があって良いのか。一体会員の誰がこの人事に「青年学会」を想うのか。青年を愛し、青年学会を目指していた師匠。その心を思うと、涙が止まらなかった。この〝老齢人事〟には、師匠の意思はないと思わざるを得なかった。

しかし他方で、同日の『聖教新聞』には御祈念文変更の記事も掲載され、「池田先生のご了承をいただいた上で」制定するに至ったと公表された。「師匠の『ご了承』を得た」ということは、「現在、師匠は物事を判断でき、ご意思がある」との意味となる。

おかしい。絶対におかしい――。そう思わずにはいられなかった。もちろん、御祈念文の変更も重要な事項である。しかし、御祈念文の変更について「了承」を出す師匠が、友人の叫びにも、安保法制についても、なぜ、全く反応しないのか。

安保法制は、全国民の命に関わる問題であると共に、「永遠の師匠」である三代の会長が命懸けで築いた平和主義の根幹に関わる問題だ。初代会長牧口常三郎先生は軍国主義との闘争によって獄死している。

「もしこの安保法制推進を、師匠が了承せずに、学会本部と公明党が推進していたならば大変なことだ」

全国の多くの学会員が悩み苦しんでいるのは、安保法制が三代の師匠の平和思想に照らして正しいのか、間違っているのかが不明確な状態で、学会本部が公明党の支援を会員に求める事態になっていることだ。

すると翌日、創価学会創立85周年を迎えた11月18日の『聖教新聞』に師匠夫妻が記念撮影している写真が掲載された。しかし、その師匠の顔には表情が全くなく、目には力がないのである。この時、私たちは確信した。

「やはり、師匠は御病気で、物事を判断することが困難な状態なのだ」

師匠も生身の一人間である。老いもするし、病気にもなる。写真の表情から、師匠が物事の判断が難しい状況にあると考えることは自然だった。

われわれ弟子にとって大事なことは、師匠が判断できない容体であれ、健在であれ、弟子が師匠の精神を守ることである。弟子が師匠を頼る時代は終わった。弟子が自らの責任で考え立つ時が来たのだ。写真に写る師匠のお顔を見つめ、私たちは固く決意した。

『聖教新聞』を使っての〝師匠利用〟の実態

しかし、連日にわたり『聖教新聞』は、全国で行なわれている各種会合に対して師匠がメッセージを贈ったとして、「師匠のメッセージ」を掲載した。さらには、2016年の『聖教新聞』元日号から、『新・人間革命』の新たな章「常楽」の連載が始まる予定だと書かれていた。こうした記事に、『聖教新聞』を読む多くの会員は、「師匠はご健在だ」と思うだろう。

そして、健在の師匠が安保法制に対して何の声明も出していないことから、多くの会員が、「池田先生は安保法制について間違っているとは判断していない」と考えることは当然ではないか――。

私たちは「本部執行部は自民という権力におもねり、師匠を利用して安保法制を推進したのだ」と確信していた。学会本部は、健筆を揮う師匠を演出している。そうやって師匠が安保法制に賛成しているように〝作出〟したとしか思えない。

そもそも私たちは、『新・人間革命』をはじめ、師匠の指導や会合へのメッセージが、本部職員によって作られている実態を知っていた。

今から15年以上前に遡るが、小平と野口は学生時代に、師匠の仕事の手伝いをする「池田学校」という現役大学生の人材育成グループで薫陶を受けていた。また、小平と滝川は、本部職員に採用されてから10年にわたって、師匠の仕事を代行する「会員奉仕局」という職場に所属していた。そこで、師匠が自身の仕事を弟子に託している実態をつぶさに見て、体験してきた。

会員奉仕局は、師匠が学会員を激励するために贈る「書籍」や「和歌」「押印和紙」に、師匠の印鑑（「大作」印）や日付印（「２００９・３・16」などの印）を押印する業務を担っている。師匠に代わって行なう業務である。小平と滝川はその重責を感じつつ、胸中で題目をあげながら真剣に業務にあたっていた。

また会員奉仕局への指示元であり、師匠の秘書業務を担う第一庶務には、各種会合などに向けて「池田名誉会長からのメッセージ」を作るチームがあった。日本の組織だけを考えても、全国の分県・総区・分区などの組織数を考えれば、創価学会の一日の会合の数がどれだけ多いかは、想像がつくだろう。そのチームは、全国、全世界で開かれる一日に何百という数の会合に対して、師匠からのメッセージを発信している。

また『聖教新聞』に連載される「新・人間革命」や「わが友に贈る」も、師匠が弟子に一任している実態を見聞きしてきた。

「新・人間革命」は聖教新聞社の中に作成するチームがあり、資料集めから原稿作成に至るまで担当し、最終的に第一庶務がチェックをして完成させている。「わが友に贈る」も『聖教新聞』の記者が作成し、やはり第一庶務がチェックをして完成させる。

さらに、書籍『法華経の智慧』や、師匠と世界の識者との対談集の作成も、実際は師匠が『聖教』の局長、部長クラスの新聞記者に著書の大方針を伝え、その後は担当した弟子（『聖教』記者）が作成していると職場上司から聞いていた。

前述したが、ローマクラブ共同代表のヴァイツゼッカー博士も、「池田名誉会長との対談集は、直接名誉会長と会って作っている訳ではなく、ドイツＳＧＩが日本の学会本部との間に入ってくれて作っている。池田先生とは数年前に創価大学の卒業式で一度会っただけなのです」と証言している。

私たちが知る限りでも「会合等へのメッセージ」「新・人間革命」「わが友に贈る」「対談集」は、私たちが本部職員であった当時から、師匠が弟子に託している実態があった。

師匠の執筆活動や渉外活動、学会員への激励のスケールは桁外れに大きい。師匠はそうした活動を、会員奉仕局、第一庶務局、『聖教』記者、国際室など100人を超える本部職員を信頼し託していたのだ。

たとえ弟子に仕事を託したとしても、そこには厳然と師匠の意思と精神があった。師匠の意思と精神とは、「会員の幸福」「人間の幸福」である。ゆえに、師匠の意思と精神のある「代筆」には、感動があり、そこには厳然と正義と真実があったのである。

しかし、今、師匠が物事を判断できず、意思を示せないと思われる状況の中での「代筆」は、師匠の意思も精神も失われているどころか、本部執行部の不正を正当化することになりかねない。それは師匠を利用する以外の何物でもない。

本当の意味で創価を護ることとは、職員が会員を騙す「代筆」を続けることではなく、一刻もはやく師匠の真実の状況を全学会員に知らせ、弟子が一丸となって師の健康を祈ることではないのか。そして、師匠を頼るのではなく、師の心を我が心として弟子が創価の思想を実現させてゆく闘いを起こすことではないのか。

２０１６年夏には参議院選挙が行なわれ、公明党支援の闘いがあった。本部執行部は、純粋に信仰活動に取り組む学会員に「選挙に勝って師匠にお応えしよう！」と、公明党を支援するよう働きかけ、学会員は支援活動を信仰活動と捉え、懸命に友人に支援をお願いする。

学会員の師匠への思いを利用する本部執行部。あまりにひどいやり方である。

創価学会本部前での「サイレントアピール」

学会本部執行部の安保法制推進。これは、紛れもなく創価三代の師匠の精神に違背する暴挙だ。そして、本部執行部は、「安保法制推進」を正当化させるために師匠を利用しているとしかみえない。

私たちは、何としても、そのことを学会本部と本部職員に直接訴えたいと思った。そこで、以前「安保関連法に反対するママの会」の人たちが、学会本部前でプラカードを掲げて抗議をしていたことを思い出す。「サイレントアピール」という抗議行動ならば、自分たち3人にもできるかもしれない。

早速、インターネットで「サイレントアピール」の方法について調べ、学会本部周辺を管轄する四谷警察署に問い合わせた。「サイレントアピール」は憲法で保障された「表現の自由」の一環であり、「デモ」とは違い、事前の届け出は不要とのことだった。

「それならばできる！」

とにかく、今、行動を起こさねば、師匠が築いてきた平和思想を弟子の手で破壊することになると思った。

学会本部前に立てば、多くの知り合いの職員に数年ぶりに会うことになる。弱い自分である。初めて行動を起こす時には、不安がよぎった。私たちが懲戒解雇となり、創価学会を除名となったことは、みんな知っているのだろう。多くの職員から白い目で見られることは容易に想像がつく。

しかし、自分たちは己に誓って間違ったことは何一つしていない。現本部執行部がやっていることのおかしさを、一人でも多くの本部職員に訴えたい。その思いだけである。

私たちは、一大決意をし、２０１５年12月21日に、創価学会本部前での第１回目となる「サイレントアピール」を決行する。当日は月曜日だったので、職員の出勤時間にあたる朝7時30分、ＪＲ信濃町駅から広宣流布大誓堂に向かう通りの歩道に立ち、段ボールに張り付けた2つの「横断幕」を掲げる。

そこには、「安保法制の容認について『師匠の了承』の有無を公表すべき」「安保法制の容認は創価三代に違背している」というメッセージを書いた。

すると創価学会の外郭団体である日光警備保障の警備員が複数人、自転車で駆けつけ、私たちを監視しはじめた。そして、多くの職員が、眉間に皺を寄せながら、目も合わせずに私たちの横を通過していく。私たちに気付いた知り合いの職員たちは、途端に目を背けたり、睨みつけたりしてきた。その中で、滝川と職員同期の竹岡光城全国男子部長（現・全国青年部長）は、私たちに気付いたためか、私たちを避けるように途中でUターンして迂回していった。

しばらくすると、私たちの地元川崎ナンバーのステップワゴンが、私たちの前をゆっくり通過した。そして、後部座席のカーテンの隙間から私たちをカメラで撮影している男子部の姿が見えた。

「一言でも話しかけてくれれば良い。私たちは弟子として丁寧に誠実に応じる」と思っていたら、いきなりカメラ撮影である。

「本部執行部にとって都合の悪い人間は反逆者。そして、反逆者は監視する必要があるということか……」

そうした動きを見つめながら、「今の学会本部には師匠の精神はない」と感じ、悲しさと情けなさに涙が込み上げた。

そうした中でも、私たちの前を通りかかった女性が笑顔で「ブログを見ています。頑張ってください！」と話しかけてくれた。また、道端の男性が近づいてきて「俺も反対なんだよ。最近の公明党は問題だと思っている」と伝えてくれた。また、立ち止まって横断幕を見ながら頷く子連れのお母さん。「チラシはないの？」と尋ねてくる年配の男性もいた。

笑顔で大きな横断幕を掲げる私たちは、間違いなく異様な姿に見えただろう。そんな私たちに寒い中、励ましの声をかけてくる学会員の方々。小さい頃から、師匠の偉大さを教わり、信仰を教わり、時に母のように叱り育ててもらった温かな創価家族の姿がそこにはあった。

しかし、今では安保法制反対の人間は白い目で見られ、村八分にされてしまう状況が生まれている。そうした中、私たちに声をかけることが、どれほど勇気のいることか。ただただ感謝しかなかった。

職員の中にも、「風邪をひかないようにね」と優しい言葉をかけてくれた先輩職員もいた。本当に嬉しく思った。本部職員のみんながみんな、本部執行部の方針に心から納得している訳ではないのだ。師匠が表に出られなくなった今、学会本部の中では、本部執行部の指示に無条件に従う職員と、そうでない職員の二つに大きく分かれているように感じた。

私たちはもう本部職員でもなければ、会員でもない。

しかし、本部の前で横断幕を掲げて立った時、師匠はどこまでも我が胸中にいることを感じ、感動が込み上げてきた。

苦しいこともあるけれど、僅かかもしれないが、創価の変革に役立つことができていると感じ、これまでの自分の人生に感謝の気持ちがわき起こり、心が震えた。

本部に意見を言うと「村八分に」

私たちは更なる決意を固める。「2016年1月9日、学会本部と本部職員に対して、2回目のサイレントアピールを行なおう」と。すぐにブログで公表し、第2回サイレントアピールの当日を迎えた。この日は、地元組織で不当な対応をされ続けている会員同志たちも参加した。2008年の監査委員会で、共に役職解任処分となり、これまで支え合って闘ってきた同志たちである。

しばらくすると、横断幕を掲げて立っている私たちに、一人の男性が声を掛けてきた。事前にメールでサイレントアピールの開始時間を尋ねてきた人だった。わざわざ八王子から来て、飲み物の差し入れまでしてくれた。そして、「お三方だけだと思っていたのですが、こんなにたくさんの方が集っているとは思いませんでした」「本来は内部の私たちが声を上げなければならないことなのに申し訳ありません」と真心を伝えてくれた。

むしろ、その言葉が申し訳なかった。自分たちがもっとしっかりしていれば、問題がここまで大きくなる前に学会本部の官僚化、権威化をくい止めることができたのではないか。

そして、東京都からも婦人部の人が一人で駆けつけてくれた。さらには、北関東の婦人部、壮年部の人々が、サイレントアピールの時間帯も分からない中で、杖を握りながらも、電車で駆けつけてくれたのだ。

「3名のブログを見ています。もしお会いできれば共に立ちたいと思って来ました」

込み上げてくる涙を必死にこらえた。純粋に師の仰せのままに行動し、毅然と大誓堂の前に立つ同志のみなさんの姿に、感動と感謝、そして尊敬の思いで胸が一杯になった。気が付けば、私たち3名を含め、16名もの参加者が、広宣流布大誓堂前に立ち、学会本部と本部職員に対してサイレントアピールを行なうことができた。

終了予定の11時に横断幕を片付けると、参加者の間で自然と対話が始まる。短時間ではあったが、まるで青空座談会のように話に花が咲く。それぞれの地元組織では安保法制の話がタブーとなっている実態や、組織の中で意見を言って村八分にされた体験などが話された。北関東からきた女性は次のように語った。

「安保法制のことで組織幹部に疑問を投げかけ、率直に意見を伝えたら、幹部の方が家に来なくなり、座談会にも誘われなくなりました。今では村八分の状態です。だからこそ、同じ思いの人たちが連帯を拡げていかなければならないと思います」

40年、50年と創価で闘ってきた草創の友が座談会にすら誘われない。胸が締め付けられた。サイレントアピールで凛と立つ同志の姿の背景には、深き悩みと葛藤の闘いが秘められていたのだ。創価学会の中で、本部の方針に従わない人間を排除するといった権威主義、官僚主義が加速度を増して進んでいる。

私たちは、その女性に「握手してもらっていいですか」とお願いした。女性は笑顔で手を差し出した。私たちは「ありがとうございます」と強く固く正義の手を握った。その手に師匠の温もりを感じた。

師の言葉を胸に闘う一人ひとりの中に師匠は存在すると感じてならない。「師匠と弟子」——その間には何人《なんぴと》たりとも入ることはできないのだ。

第2回サイレントアピールの様子をブログに書くと、多くの人から連絡がきた。東京都から一人で駆けつけてくれた先述の女性からも電話をもらう。

「思いのある人たちはたくさんいます。ぜひ、集い合える場を作っていきたい。もし集う場があれば、私も行かせてもらいたいです」と伝えられた。

また、北関東から駆けつけた壮年部の男性は長文のメールを送ってくれた。

「今後の具体的な活動方針が共有できれば共に行動する実感が持てると思う。皆が分かりやすい具体的かつ明確な目的を掲げて、一人ひとりがその目的を自覚して力を集結していってはどうか」

心温まるこうした内容に、感謝しかなかった。

ブログを書き続けて良かったと思った瞬間だった。

師の精神を護ろうと真剣に悩んでいる人々がいる。創価の偉大な父と母の思いと、青年の熱と力を合わせることで、大きな力を生み出し「三代の精神を護り抜く学会本部」「会員のための本部」へと変革していけるのではないかと思った。

私たちは、安保法制を容認する学会本部の問題点を共有する場として、「今の創価を憂える人が一堂に会する座談会を開催しよう」と決意し、ブログで参加を呼び掛けた。

民衆が主役のはずなのに

「善の人が勇気を持つのだ。声を上げるのだ。勝利のために連帯するのだ。そこに、時代変革の重要な鍵がある」（池田名誉会長・２００８年６月28日付『聖教新聞』）

「『権力者が上』『民衆は下』ではない。民衆が主役である。民衆が王者である。為政者とは、民衆に奉仕していく存在なのである」（池田名誉会長・２００６年８月４日付『聖教新聞』）

２０１６年２月28日、今の創価を憂える同志が集う第１回座談会を横浜で開催した。大晴天で迎えた当日。遠くは岡山県や関西から新幹線を使って来るなど、合計108名もの人々が足を運んでくれた。

同志を代表して、安保法制反対の声を上げ続けてきた天野達志が体験談を語り、力の限りこう叫んだ。

「どうか、公明党を支援しないという同志を、『反逆者』呼ばわりしないでください。『村八分』にしないでください。安保法制に反対する学会員を『共産党』だと、レッテル貼りをしないでください。デモで三色旗を振る同志を『ニセ学会員だ』などとデマを流さないでください。なぜ、同志が苦しめられるのか」

その悲憤の叫びに呼応するように、場内の参加者から「そうだ！」「そうだ！」と次々と怒りの声が上がった。

そしてもう一人、愛知県武豊町議会議員の本村強が、2014年の閣議決定を阻止するために、断固反対の意見書を提出した体験談を話した。本村は、「池田先生が示された絶対平和主義、これを追求していくのが創価学会であり、そしてまた創価学会の支援する公明党である！」と、公明党を離党してもなお、師匠の理想を実現しようとする弟子の叫び声を上げた。

私たちも、今の創価の問題点と学会本部変革の闘いの目標について、次のように決意を表した。

〈私たちは学会本部の決定・指導に従わないとして、「組織内組織」とのレッテルを貼られ、排除され、解雇、除名となった。組織の決定に従わない人間を、話し合いもなく、力ずくで排除していく「力の論理」が今の学会本部に浸透している。

師匠が表舞台に出られなくなってから、学会本部は対話（話し合い）と納得によって人と人を繋げるのではなく、力によって人間を抑えつける体質へと変わっていった。この「対話」とは対極にある「力の論理」が、師の思想に違背する「武力」「戦力」という「抑止力」を容認できてしまった。

ゆえに、集団的自衛権の行使容認や憲法第9条の解釈改憲の閣議決定に加担するに至ったと思えてならない〉

〈本部執行部は、自分達の創価三代に違背する安保法制容認を正当化するために、明らかに師匠を利用し続けている。

聖教新聞には、師匠がお元気で物事を明晰にご判断されているかのように演出し登場させる。まるで、安保法制に反対を唱えない師匠は安保法制に賛成しているかのように作出している。

安保法制や官僚化した組織に不安を抱く会員の心や、師匠にお元気であってほしいと願う会員の真心、また聖教新聞が嘘を書くはずはないとの会員の信頼をも利用し、執行部の背信行為を正当化している。小出しに、小出しに師匠の写真を使いながら。

許しがたき裏切り行為である！

まさに忘恩の師敵対である‼〉

続けて、私たちは以下の2点を宣言した。

〈一、現本部執行部である創価学会会長の原田稔、理事長である長谷川重夫、主任副会長である谷川佳樹の3名は、安保法制を容認、推進したことが三代の師匠なかんずく池田大作第三代会長の思想に違背する行為であることを自ら認め、辞任すべきである。
一、学会本部として、誤った安保法を白紙撤回させるべく、先頭に立って戦うべきである〉

安保法制反対の意思を示すと……

会合終了後、参加者のみなさんとの懇談会を開催し、多くの人々の話を聞いた。みんな、「今、何か行動しなければ」とやむにやまれぬ思いなのだ。

神奈川のある婦人部の女性は、地元組織で勇気をもって安保法制反対の意思を表明した。すると地元幹部は、公明党の議員を呼んできた。公明党議員はその女性の質問には返答せず、「あなたは、うがった見方をしている」と非難。婦人部幹部は、「あなたが祈って変われば分かる」「あなたがもっと勉強しなさい」といった話をするのである。終始、安保法制についての説明はなく、いつの間にか、その女性の捉え方に問題があるかのように、問題がすり替えられていった。それ以降、現場組織では、この女性が意見を言う度に、「また、××（女性の名前）事件が始まった」と揶揄されるようになったという。

いち母の純粋な疑問は、疑問を持つその人の責任にされてしまう。信仰とは、民衆が賢く強くなることではないのか。従順に従ってさえいれば良いとするならば、信仰とは一体何なのか。野口は、その女性に「絶対に民衆が主役の創価に変えるため、自分がもっともっと闘っていきます！」と決意を伝えた。

するとと、女性は生命力に満ち満ちた声で、「私も一緒に闘うからね！　次のサイレントアピールが決まったらぜひ教えて！　必ず行くから！」と、顔を紅潮させながら伝えてくれた。そして、拳を固く握りしめ、「処分されようとも私は先生のために闘うよ！　もう腹は決まっているんだから！」と、ガッツポーズをした。「偉大な創価の母の姿」に、自然と涙が込み上げた。一体だれが師の指導を護っているのか。この女性こそ、師弟不二の体現者ではないのか。

野口は必死にその女性に「師匠のために真剣に闘う××さんを、絶対に処分させるわけにはいきません」と語りかけた。その女性の手は決意にみなぎり温かく、固い握手をかわした。この女性の心を絶対に忘れることはない。

また、別の壮年部の男性は、「安保法反対の意思を組織で伝えたところブロック長を解任された」という。あまりの衝撃にわが耳を疑った。握手をしようと手を差し出すと、ガッチリと固く、強く、手を握り返してくれた。「一緒に闘いましょう」と語りかけると、その男性は「当然だよ。俺は一人になっても闘うぞ！　絶対に本部を変えなきゃいけない。負けてたまるか！」と真剣な表情で語った。「創価の父」の師子吼《ししく》に、闘う魂を感じ、心が震えてならなかった。

なぜ、師の指導通り、誓いを貫いている弟子が創価の組織の中で迫害されるのか。怒りが湧き上がってくる。一体、こんな創価にしたのは誰なのか。それは、明らかに学会本部である。学会本部は「昭和54（1979）年の歴史」（※）を繰り返しているのだ。そして、師の思想を捻じ曲げている。ならば、同志の声を伝えるために、本部執行部へ真実の声を伝え抜こうと決めた。

私たちに視線を向けない谷川主任副会長

会員同志のみなさんから、「次のサイレントアピールをやる時は声をかけてほしい」「ぜひ、次は学会本部の前で一緒に立ちたい」と伝えられた。座談会で婦人部の女性の「処分されようとも私は先生のために闘うよ！　もう腹は決まっているんだから！」という言葉が蘇ってくる。しかし、同志が矢面に立ち、これ以上排除され苦しむことがあって良いはずがない。私たちは、3人だけでサイレントアピールに立とうと考えた。腹を決めた決意の同志に対し、知らせずにサイレントアピールをすることは間違っているのかもしれない。しかし、お叱りは喜んで受けようと決めた。

私たちは3人による学会本部前でのサイレントアピールを決行。新たに横断幕を作った。「安保法制に　反対の声を上げる　会員を処分するな‼」「安保法制を容認し　師匠に敵対する　執行部は退陣せよ！」という2つのメッセージだ。

2016年3月8日の朝、本部執行部に会えることを祈り、横断幕を持って信濃町に向かう。本部職員の出勤時間にあたる午前7時45分から9時まで、学会本部前で「執行部の辞任」を求める第3回サイレントアピールに立った。

しばらくすると、私たちの地元の壮年職員が歩いてきた。野口が、「内海（康典）さん、お久しぶりです」と挨拶すると、鬼の形相で睨みつけ、無言で去っていった。むろん野口は笑顔を絶やすことはない、ただただ対話がしたいのだ。その後歩いてきた職員は、私たちが一学生部員だった20年以上前からよく知っている人だった。「西山さん、おはようございます」と挨拶すると、その先輩は苦笑いをしながら歩き去っていった。元上司や同期の職員、後輩など顔見知りの職員が次々と出勤してくる。私たちが声を掛けると戸惑いながらも挨拶だけは返す職員もいる。しかし、ほとんどの職員が関わりを避けるように、私たちに目すら合わせず素通りしていった。

50分ほど過ぎた時である。信濃町駅とは逆側の広宣流布大誓堂の方から一人の職員が歩いてきた。それは、私たちが辞任を要求している当の谷川主任副会長だったのである。サイレントアピールで執行部に会ったのは初めてだ。

小平は心から功徳だと思った。谷川主任副会長に対話をしてもらいたい。小平は「谷川さん！　おはようございます！」と声を掛ける。野口、滝川も全く同じ思いだった。「おはようございます！　谷川さん！」と挨拶をする。

しかし谷川主任副会長は、まるで私たちの声が聞こえていないかのように、一度も視線を向けない。そして、何事もなかったかのように足早に信濃町駅へと歩き去っていった。

なんだかとても嬉しかった。ほんの僅かではあるが、苦しむ同志の声を、執行部に伝えられたのではないかと思えたからだ。しかし、谷川主任副会長の無視。その振る舞いに、今の学会本部の元凶を見た思いがしてならなかった。庶民の声なき声にまったく耳を傾けず、無言で排除する「対話なき創価」の実態を象徴している振る舞いに感じてならなかった。

私たちは、その後も、会員同志の声を代弁すべく、学会本部前でサイレントアピール（第4回は2016年4月6日、第5回は同年5月9日）を継続的に行なった。

さらに、座談会も大阪（同年4月2日）、仙台（同年4月29日）、そして再び横浜（同年6月4日）で開催した。いずれの座談会でも、集った会員同志のみなさんが、現場組織で安保法制反対の声を上げたゆえに苦しめられている多くの実態を語った。

今や、創価学会の中で、安保法制に反対の声を上げる会員が不当に苦しめられている話は、一つや二つではなかった。至る所で、全く話し合いができず、説明もなく、会合の連絡が来なくなるなど、冷たい仕打ちが繰り返されている。

ある悩む会員が学会本部に電話をかけ、「今の公明党のままでは支援できないのです」と訴えた。すると、電話口の職員からこう言われたという。

「支援したくなければ支援しなくても結構です」

何十年も公明党を支援してきた。それが信仰活動だと指導を受け、池田先生の作られた公明党だと思い、懸命に一人ひとりの友人に頭を下げてお願いしてきた。そうした会員の闘いや思いを感じる心は微塵もなく、冷たい言葉で「支援しなくて結構」だと返答するのだ。まさに、会員のための公明党であり、会員が主役の創価学会であることを本部執行部も職員も忘れてしまったかのように。

それまで学会本部に対して、サイレントアピールを計5回にわたって行なってきた。しかし、学会本部からは何の反応もない。私たちのサイレントアピールがどれほどの力があるのかは分からない。「わずかな力にすらなっていない」と言われるかもしれない。それでも良い。私たちにはこれしかないのだ。

我が胸中にいる師匠に誠実に生きる。師に誓った通りに生きる。僅かでも創価の役に立てる行動はこれしかないのだ。

こうして、プロローグでも書いた通り、２０１６年7月3日、師匠を思い、創価を憂える会員同志35名が学会本部前に集い、創価学会史上空前のサイレントアピールを敢行することとなった。いよいよこれからが勝負だ。学会本部が変わらなければ、創価学会も公明党も変わらない。そのためにも、今こそ民衆が立ち上がり、創価変革の端緒を築く時である。私たちは、創価学会は正義の団体であり、学会本部を必ず変革できると信じ、真実の声、正義の声を上げ続けていくことを固く決意している。

【注釈】

（※）「昭和54（１９７９）年の歴史」

池田大作第三代会長は１９７９年4月24日、19年間にわたって務めた創価学会の会長職を辞任、名誉会長となった。その背後には、宗門（日蓮正宗大石寺）の僧侶らと当時の創価学会最高幹部が結託し、池田会長を追い落とし学会を乗っ取ろうとする陰謀があった。つまり、「昭和54（１９７９）年の歴史」とは、創価学会が「永遠の師匠」であるとする池田大作第三代会長を、ひいては未来永劫に継承すべき「創価三代の師弟の精神」を弟子が裏切った歴史である。（滝川記）

第2章
幹部職員のありえない官僚化・権威化を暴く

そもそも私たち3人は、なぜ創価学会から懲戒解雇され、さらには除名されるに至ったのか。本章以降ではその経緯を明らかにしたい。

2008年3月、私たち一人ひとりに対し、学会本部の青年部職員幹部である高木義介から電話があった。その内容は「このたび本部指導監査委員会として、川崎で起こった一連の問題について調査することになりましたので、話を聞かせてもらいたい」という本部指導監査委員会からの連絡だった。

「川崎で起こった一連の問題」。その発端は、2004年から約3年間にわたり、本部職員の和歌山（仮名）と公明党職員の佐賀（仮名）が、繰り返し一会員である福岡大祐を誹謗中傷し続けた事件である。

電話を受けた私たちは思わず、「ついに、ついに話を聞いていただける！それも学会本部の公式機関が聞いてくれることになった！」と素直に喜び合った。同問題の解決のために行動しつづけていたからだ。しかし、この時の監査によって私たちは、学会本部に巣食う官僚体質の実態を知ることになる。

学会本部の問題との出合い

かつて、著者である滝川と野口が２００４年9月に川崎学生部を卒業、男子部へ移行させせられてしまうと、横浜から本部職員の和歌山が川崎に引っ越し、学生部長となった。学生部の幹部は社会人が担っているが、当時、本部職員で学生部幹部だった滝川・野口が学生部を卒業するには明らかに早い年齢だった。

しかしあえて卒業させ、他の地域から学生部長となる人間にわざわざ引っ越しをさせ、組織の長に置くという人事だった。異例の人事と言って良いだろう。川崎の学生部組織の長となった和歌山は、会合という公の場で突然、2年前に学生部を卒業した一会員である福岡の名前を出し、「福岡は暗黒時代をつくった人間だ！」「前体制（私たちや福岡が学生部幹部だった時の体制）は暗黒時代だった」と誹謗中傷する行為を始めた。

それを聞いた学生部員は、過去の先輩たちが反逆者であるとする突然の非難に衝撃を受ける。しかも、その行為は約3年間にわたって繰り返し行なわれた。

後に本部指導監査委員会は、和歌山と佐賀が学生部幹部会等の公の場で、「暗黒時代」なるレッテルをはって福岡を批判し傷つけたと認定している。

和歌山たちの行為はさらにエスカレートしていく。大規模な会合（神奈川・静岡を併せた東海道方面や、川崎総県の学生部の会合）では1000人近い学生部員がいる前で、福岡を誹謗。この常軌を逸した行為は名誉毀損であり、創価学会において最も悪いとされる「破和合僧」という団結破壊の行為としか思えない。

私たちは、この話を当時学生部員であった後輩の島根（仮名）から聞くことになる。島根は悩んだ様子でこう話し始めた。

「自分は福岡さんに本当にお世話になりました。突然和歌山さんたち幹部が、福岡さんを誹謗中傷することが理解できません。多くの人がお世話になった福岡さんを中傷することで、和歌山さんは部員さんを自分に引き付けようとしている気がしてなりません……」

島根は、誹謗を繰り返す本部職員である和歌山の姿を見ていることが苦しくなった。そして和歌山に思い切って尋ねた。

「なぜ福岡さんたち先輩を批判するのでしょうか？」「何を根拠に先輩方が間違っていると言うのでしょうか？」

すると和歌山は、「福岡たちは派閥を作っていた」「部員さんを傷つけた」と言う。島根は信じることができず、「そもそも、先輩たち本人に確認したのですか？」と尋ねる。和歌山は、「確認はしていないが、情報は間違いない」と断言したという。

川崎学生部の幹部であった本部職員の和歌山と公明党職員の佐賀は、大小さまざまな会合で福岡への誹謗中傷を繰り返した。その発言に影響を受けた他の学生部幹部たちも一緒になって「過去の暗黒時代はひどいと思いませんか？みなさんいかがでしょうか～？」と会合の場で呼び掛けていた。そして参加者に、同意の拍手を求めるといった行動をするようになる。

次第に前体制（私たちや福岡が学生部幹部だった時の体制）への誹謗中傷がエスカレートしていく中で、全く関係のない純粋な学生部員までも、「前体制は間違っていたんだ」との認識に染まっていくのである。軽はずみな言動によって、さらに誤った認識が広がっていく。「内部に敵をつくることで、結束を固める誤った組織固め」は止まることはなかった。

誓約書を書くように迫る

２００６年1月、公明党職員の佐賀が、和歌山の後任として川崎総県学生部長に就任した。佐賀は前体制への誹謗中傷行為に異を唱え反発する島根に、嫌悪感をむき出しにする。そして、次のように言ったという。「君は前体制の〝命〟が残っている。旧川崎病だ」「今度、『前体制の命』を出したら君を切る（学生部から男子部へ移行させる、という意味）」

さらに、島根に「今後『前体制の命』を出さない」という誓約書を書くように迫った。島根は「前体制の命」「旧川崎病」なるものが何を指しているのかが分からない。「一体『前体制の命』『旧川崎病』とはなんなのでしょうか」と尋ねると、佐賀は「その命（心）だ。僕の話が理解できない君の命（心）だ！」と言う。その返答に、島根はやはり意味が分からない。

島根は心の中で思う。「会合で非難する前に、直接本人に会って話を聞いてから判断し、間違いがあれば指摘するだけで問題は解決する。そのことを繰り返し伝えても、一向に分かってもらえない……」。

島根は、苦しさに押し潰されそうになりながらも、非難されている先輩や同志に支えられ、師匠に育ててもらった自分を振り返り、こう決意する。

「何を言われようが感謝を忘れずに闘う。おかしいものはおかしいと言い切っていけばいいんだ」

こうして、島根は「誓約はできません」と誓約書の提出を断った。すると、佐賀は他の幹部や学生部員にこう徹底したという。

「島根の話すことは聞かないように」

そして島根が入会に導いた友人にすらも手を伸ばしていく。「島根はおかしくなってしまった。反逆者の道を歩んでいる。島根の話は半分聞いておけばいい」と繰り返し伝え、島根を孤立させていったという。ここまでくるともはや組織的ないじめとしかいえない。

最後に、佐賀は島根にこう伝える。「やはり『前体制の命』を出したね。君は学生部を卒業だ」。そして島根は学生部から追い立てられるように2006年6月、卒業した。

私たちは島根から話を聞き、怒りで体が震えた。すぐに和歌山と佐賀の行為を止めさせるため、川崎創価学会の責任者である本部職員の壮年幹部に実情を伝える。しかし、対応されることは全くなかった。

エスカレートする誹謗中傷

その間も福岡や私たち「前体制」への誹謗中傷は、日増しにエスカレートしていく。ついには、地元川崎の壮年部幹部（区長）から「横浜の男子部から聞いたんだけど、会長に弓を引いたんだって」と言われるまでになった。根も葉もないデマが徐々に伝わっていく。私たちは恐怖を感じた。一刻も早く止めさせなければウワサは瞬く間に広がっていく。

そもそも攻撃の的にされた福岡は、川崎学生部を卒業してから既に2年が経っていた。しかも、誹謗中傷を行なう本部職員の和歌山とは会ったことすらない。福岡は活動している男子部の中で突然地域の同じ男子部員から「福岡君、学生部の時に会長に盾突いたって噂になっているよ」と話を聞いたのである。創価学会の役に立ちたいと活動する者にとって、これほどの苦痛はない。

公明党職員の佐賀に至っては、福岡が親身になって励ましたお陰で公明党本部に就職することができたと自ら語り、福岡本人にも直接感謝を伝えていたほどだった。それほど、福岡のことを信頼していた人間が、突然豹変したのだ。

私たちは、佐賀が2007年9月に川崎学生部を卒業した時に、「なぜ君が恩人と慕っていた福岡を貶めるような、そんな誹謗中傷を繰り返したのか。理由を聞かせてもらいたい」と話し合いを申し入れた。すると佐賀は「先輩の本部職員の幹部からさまざま聞かされている。自分はその話を信じた」と言った。

佐賀らが話し合いに応じることはなかった。それどころか、私たちが話し合いを申し入れたことをもって、「威圧された」「精神的な病気になった」と被害を訴える形で、先輩の本部職員である藤井清孝・東海道男子部長と、後藤博之・同青年部長に泣きついた。

その際、佐賀らは、自分たちが福岡や私たちに対して行なった「暗黒時代」との同志誹謗の言動は隠し、「野口たちから集団で威圧されている」とだけ報告し、事実を歪曲。自分の行為は棚に上げ、〝被害者〟を装った。

そして、あろうことか藤井東海道男子部長はすべてそれを鵜呑みにしてしまったのである。誹謗されたゆえに話し合いを求めただけの私たちを「問題グループ」と結論づけた。川崎各区の総区男子部幹部らを集め、「問題グループ」とされた私たち一人ひとりの名前を周知させ、さらに問題を拡大させたのだ。後に藤井はこの行為が軽率であったことを認めている。

双方の話を聞いて事実を判断する。そんな当たり前のことすらしなかった本部職員の怠慢によって、問題はさらに複雑化していった。

本部指導監査委員会に陳述書の提出へ

本部職員の藤井と後藤は、問題をこじらせた責任を回避するためか、佐賀に話し合いを申し入れた中で一番年上だった会員福岡を「問題グループ」のリーダーに仕立て上げた。「小平、野口、滝川は会員である福岡に洗脳されて、本部職員である和歌山と公明党職員の佐賀を威圧する言動を行なった」とのストーリーを作出したのである。

後藤は、福岡を創価学会神奈川文化会館に呼び出し、その時の面談を無断で録音し、学会本部の本部指導監査委員会に提出した。本部職員である幹部にはこうした行為も正当化されてしまうのだ。

福岡と後藤は二度対話をしている。しかし、盗聴された二度目の話し合いでは、後藤の対応は明らかに1回目とは違う〝丁寧さ〟があった。福岡は不思議な印象をもっていたが、はじめから監査委員会に提出することを目的とした面談であったことを知り愕然とする。

こうして2008年3月18日に、和歌山と佐賀に話し合いを申し入れた私たち3人、そして本部職員の茨城（仮名）、秋田（仮名）、公明党職員の台東（仮名）、会員の福岡、木本秀信、村上光明、島根の合計10名が、本部指導監査委員会から連絡を受け査問を受けることとなった。

当時、監査委員会の事情を何も知らなかった私たちは、これでようやく和歌山と佐賀が行なってきた名誉毀損の不正行為を、学会本部に報告できると思い胸が高鳴った。

それと共に、後述する河原徹夫ら先輩職員の行為についても、全て学会本部に報告しようと決意。自分たちが体験してきた青年部職員幹部たちによる数々の〝不正人事〟や、職員としてあるまじき言動についても、日時、場所、関係者の証言を事実に基づいて陳述書としてまとめた。

約2週間、私たちは連日仕事を終えてから深夜までパソコンに向かった。締め切りの前日は徹夜で作業し、2008年3月31日の明け方に完成した計182ページにわたる『一連の問題の経緯（陳述書）』を、本部指導監査委員会に提出した。

会員に対する本部職員の嫉妬

陳述書の内容はどのようなものか。ここで、私たちが創価学会の本部職員として働きはじめた頃の話から説明したい。

1999年以降、著者である小平、滝川、野口の3名は、本部職員として新卒採用された。3人とも学会本部の方針や組織の秩序を最優先に考える〝典型的な〟本部職員だった。

しかし、川崎学生部での活動に全力を尽くし、企業や公務員など一般社会で働く会員（同志）とともに信仰活動をしていく中で、徐々に自分の中に本部職員特有の「役職や立場で人を見るようなエリート感覚」や、上からの指示に従うだけで対話（話し合い）ができない体質、また「自分は師匠に近い存在だ」と錯覚し、会員を軽んじる特別意識があることを自覚していった。そこで、自分たちの人間革命（自分がより良く成長すること）を懸けて、川崎学生部では師匠の指導を活動の根本とし、折伏や同志間の対話の実践に力を注いだ。「折伏」は、友人の幸せを願い、祈り、対話をし、共に悩みを乗り越えていくという他者に尽くす行動の中で、自身の命を磨き、変革していく信仰実践である。また同志間の対話では、幹部同士であっても慣れ合いを排し、「正しいものは正しい」「間違っているものは間違っている」と勇気をもって伝え合う。どこまでも相手のことを祈り、信じて意見をぶつけ合う。そうした取り組みの中で、互いに深い信頼が芽生えていった。徹底した対話の後には真の納得が生まれる。みんな、その歓喜によって活動に励み、多くの学生部員が信仰体験を積んだ。

そうした中で、小平、滝川、野口は、たとえ自分より上位幹部の職員の先輩に対しても、組織にとってプラスになると思えば進んで積極的な意見を伝えるようになっていった。

しかし、当時神奈川学生部の最高責任者であった職員（聖教新聞社）の河原徹夫は、後輩である私たち3人が、自分に意見するように変わったことを快く思わなかったようだ。そして、私たちが意見するようになった原因は、当時の川崎学生部の中で一番年上の福岡の影響であると決め付けていった。そこには、河原と同い年の会員福岡が、多くの学生部員から深い信頼を集めていたことに対する嫉妬があったと思えてならない。

河原は、自分に対して積極的に意見を伝えるようになった後輩職員の小平が目障りになったのか、周囲の職員幹部に、「小平は善悪をはっきりさせすぎる」「小平は学生部よりも男子部の方があっている」と漏らすようになる。

それから数週間後の2002年6月28日に突然、小平は橋元太郎・全国学生部長（前・全国青年部長）、棚野信久・全国学生部書記長（前・全国総合青年部長）から呼び出され、わずか2日で学生部を卒業となる急な人事を命じられた。異例の人事といって良いだろう。予期せぬ突然の通達に、小平は頭が真っ白になった。川崎総県学生部長に就任してから、まだ9カ月しか経っていない時だった。後任すら決まっていない。さらに引き継ぎもできない状況で卒業することは、あまりに不自然な人事だった。

組織の長が突然不在となった3週間後、後任の川崎総県学生部長の「代行」として、中央から職員で全国副学生部長の赤山純一が派遣されることになった。しかしこの人事は、橋元全国学生部長、棚野全国学生部書記長が創価学会の正式な手続きである青年部人事委員会を通さず、恣意的に行なった人事だったのである。本部指導監査委員会は、赤山全国副学生部長が総県学生部長代行であった期間を「空白の3カ月間」と認定し、正式な人事でないことを認めた。創価学会には「人事・金銭」といった問題には厳しく対処すべきであるとする指導性がある。しかし、橋元・棚野の処分はなかった。

3年にわたって繰り返された誹謗

総県学生部長「代行」を派遣してまで、小平を卒業させる人事に、当時の川崎学生部幹部だった滝川や野口たちは困惑し、みんなで話し合いの場を持った。当時、川崎学生部の総県副書記長であった福岡は次のように語った。

「みんなが不自然に感じていることはよく分かるし、自分も同じ気持ちはある。それでも学会の大事な人事だ。人事に声を上げてはならない」

続いて総県書記長の村上は、「突然、長である小平がいなくなり、空いた穴は正直言って大きすぎる。大変だけど、みんなで総県学生部長代行の赤山さんをしっかり支えて乗り越えるしかない」と決意を告げた。滝川と野口は不安な気持ちを抱きながらも、総県幹部の２人と共に、代行で派遣された赤山を支えていこうと決めた。

赤山は川崎学生部のみんなと触れていく中で、「最初に河原から聞いていた印象と、実際の川崎学生部はまったく違うと分かった」と理解を示すようになっていく。

しかし、小平の卒業人事から5カ月後、今度はその福岡と村上までもが学生部卒業を言い渡され、総県幹部が不在となった。滝川と野口は理解ができなかった。なぜ川崎学生部ばかり、現場の意見を無視するような人事が繰り返されるのか――。

悩み抜いた末に、当時学生部組織のトップである橋元全国学生部長に説明を求めた。12月、川崎文化会館で話し合いの場が持たれた。

滝川は率直に「人事に声を上げるつもりは全くありません。ただ、今後も中央や東海道方面（神奈川県と静岡県を併せた組織単位）の幹部と呼吸を合わせて先生のために闘っていく上で、なぜ急な人事が川崎学生部で立て続けに行なわれるのか、理由を教えていただきたいのです」と尋ねる。すると橋元は、「『こうじゃなければ闘えない』というのは弱音だ。職員もたくさんいるじゃないか」「信心で持ち上がらないバーベルはない！」と興奮し、強硬姿勢を崩さなかった。

滝川や野口たちは話し合える土壌すらもっていない橋元の姿勢に言葉を失った。

しかし、橋元の考えが変わらない悔しさはあるものの、現場の意見はすべて伝え切ったため、これ以上は説明を求めることは終わりにしようと決める。

その後、川崎学生部の体制は滝川、野口の世代になる。新たに総県書記長となった滝川は、上位の幹部との話し合いも丁寧に、誠実に行ない、納得し合いながら闘いを進めていく。しかし、「上からの打ち出しをそのまま実行すればよい」と考える上位の学生部方面幹部から、積極的に意見を言う川崎学生部は陰で「独立国家」などと揶揄されはじめた。一度貼られたレッテルを剥がすことは容易ではない。レッテルは学生部の中央幹部にも広まっていく。

そして、当時新たに全国学生部長となっていた本部職員の西口尊雄と、全国学生部書記長の竹岡光城（現・全国青年部長）は、２００４年9月に川崎学生部の人事に関与していくのである。

まず、滝川と野口を含む総県幹部、県幹部の19名のうち、11名を学生部から一斉に卒業させた。不在になった役職には、隣の横浜総県に住んでいた本部職員の和歌山と他2名に派遣人事を命じた。

前述したように、和歌山らに引っ越しまでさせ、川崎の総県学生部長等に任命。この時、和歌山は西口全国学生部長から、「川崎総県学生部幹部の派閥化問題」なるものを説明され、組織の立て直し・正常化を命じられたという。こうして、本部職員の和歌山と公明党職員の佐賀が、「福岡は暗黒時代をつくった！」「前体制は暗黒時代だった」などと誹謗中傷する行為が始まるのである。この誹誇は本部職員が本部職員の全国幹部を後ろ盾にしながら、公の場で3年にもわたって繰り返されていく。

私たちは、2002年から約6年にもわたるこうした本部職員のあるまじき事の顛末を、陳述書にまとめ監査委員会に提出した。「監査」は学会本部の公式機関である。真っさらな目で公平厳正に審理してくれることを願った。

職員の問題に蓋をした学会本部

2008年4月29日、ついに本部指導監査委員会の第1回面談が、学会本部の世界青年会館で行なわれた。事前に監査委員会の小金丸和文（当時・連絡局職員）から、「提出した陳述書を基に話を聞かせてもらいたい」と伝えられていたため、私たちはちゃんと話を聞いてもらえると期待してその場に臨む。

トップバッターで福岡の面談が行なわれた。面談室に入ると、創価学会の松村光晃顧問弁護士を含む5人の本部職員の幹部が監査委員として、福岡一人を取り囲むように座っている。福岡は驚きを隠せず、「よろしくお願いします」と挨拶し、監査が始まった。

この監査委員の中心者は、役員室事務局局長として原田会長の側近（秘書）でもあった緒方博光副会長だ。緒方ははじめに、福岡に対し、池田先生との直接的な人間関係があるかどうかを確認した。しかし、関係がないと分かるや否や態度が変わったように福岡には感じられた。「ここは話を聞く場ではない！指導の場だ！」「君が中心者じゃないか！」と怒鳴りはじめたからだ。

さらに緒方は、必死に事情を説明しようとする福岡の話を遮り、「私は何人も処罰、除名してきたんだ！」「つい最近も神奈川で問題を起こした中心者を除名処分にした」と除名処分をちらつかせた。

会員村上の面談でも緒方は、村上がグループ（「組織内組織」）の一員であると決め付けて、そのグループは会員規程第7条（処分）の第2項「この会の会則及びこの会の規定もしくは指導に反し、またはこの会の秩序を乱す行為」に当たると説明。そして緒方は、「これまで反逆して組織を乱した人たちを除名していますが、除名する時はいつもこの条項なんですよ。神奈川でもそういう人がいて、その中心者を除名しました」と言い放った。もはや脅しではないか。

私たちは衝撃を受けた。

けっきょく、私たちは、本部指導監査委員会に「川崎で起こった一連の問題」の経緯を正確に理解されないまま、同年5月22日に監査の決定通知を受けた。通知の際の面談の冒頭、緒方から、「監査の結論は、学会本部執行部の原田稔会長、正木正明理事長、長谷川重夫本部長、谷川佳樹事務総長も了承している」と伝えられる。次に、監査委員の高木が「それでは通知いたします。一つ、……」と書面を読み上げた。

その内容は会員たちや私たち10名を、「足軽会なるグループ」（組織内組織）として認定し、その解散を迫るとともに、二度とグループと認められるような行動をしないこと、会員たちや私たちを誹謗した本部職員と公明党職員、背後にいた青年部最高幹部たちに対して、私たちが話し合いを求めることを一切禁ずるというものだった。そして、この内容を守ることを誓う、誓約書の提出が求められた。

私たちは「福岡は暗黒時代をつくった！」「前体制は暗黒時代だった」と公の

場で誹謗されたがゆえに声を上げたのだ。

しかし、監査委員会はその私たちに対して、『「グループ』（組織内組織）をつくり、声を上げたことが問題である」と判断した。私たちが〝悪者〟になったことで、陳述書で訴えた棚野信久（前・全国総合青年部長）・橋元太郎（前・全国青年部長）らが行なった、青年部人事委員会を通さない手続違反の不正人事など、本部職員である青年部最高幹部の不正行為は見逃され、隠されてしまった。

「組織内組織（反逆グループ）」というレッテル

この監査の結論は、書面はもちろん、判断した理由も示さない極めて杜撰なものだったと言える。「グループ」（組織内組織）があるかどうかの判断も、学会本部の〝さじ加減〟で決まるということであり、いかなる判断であれ決定権者である学会本部に従えという結論だった。

学会本部が造った「組織内組織」という言葉は、職員幹部の堕落した振る舞いに声を上げた人間を黙らせるためのツールとして使われた。いずれにしても、職員幹部から誹謗中傷された最大の犠牲者である福岡が、「組織内組織」の首謀者とされ、本部に迷惑をかけたという顛倒した結論となった。そもそもこの結論自体、「学会本部の不正」といえるだろう。

誓約書の提出期日は、約1週間後の5月30日と通告された。もし、このまま誓約書を提出すれば、本部職員の不祥事が隠されるだけでなく、監査自体も〝正当なもの〟として終わることになってしまう。一方で、池田先生の弟子として、また創価学会の職員として、「学会本部の公式機関が出した結論を尊重し、従うべきではないか」という葛藤がなかった訳ではない。もし誓約しなければ、次は職員懲罰委員会から処罰されるのではないか。神奈川県審査会に呼ばれて除名処分が下されるのではないか。先の見えない未来を考えると不安だらけだった。

「こんな苦しいことがあっていいのか……」「普段の生活に戻れる」「もっと楽になれる」。正直、誓約してしまおうと何度も思った。

しかし、御本尊の前に座り、真剣に祈れば祈るほど、自分を誤魔化してまで生きることに何の意味があるのかとの思いが自然と湧いた。職員となった時、師匠から言われた言葉が蘇ってくる。

「生涯、会員を徹して護り抜く職員たれ！」

自分はなんのために本部職員となったのか、師匠の心を思うと涙が止まらなくなった。そして監査委員にこう伝える。

「いかなる処分もお受けします。しかし誓約だけはできません」

それ以降、「組織内組織（反逆グループ）」であると貼られたレッテルは永久に付きまとうこととなる。

「宗教団体組織の問題」が「職場の問題」に

監査委員会の中心者であった緒方副会長は私たちが誓約するよう動きだす。

２００８年５月末、緒方副会長は私たちの職場の上司や地元神奈川の組織幹部に対して、私たちに誓約させるよう勧告。面談直後、「誓約書は断じて受け入れられない」と語っていた創価学会職員の秋田は、度重なる上司の説得により、誓約することになる。どんな罰も受ける覚悟はあったが、事実や経緯も知らない職場の上司から説得されることは、このうえなく苦しいものがあった。

6月に入ると、地元川崎や神奈川の創価学会職員幹部たちからも誓約を迫られるようになっていく。

神奈川最高幹部の一人、職員の山崎一久川崎総県長。最初は、「100対0で君たちが正しい」「僕だって男子部時代に共に闘ってきたメンバーとはよく酒を飲むよ。組織内組織なんて関係はどこにでもある」と語っていた。

しかし、次第に「緒方さんの言い分もわかるんだよ。誓約できないかな」「君たちは訴えられた側だから不利なんだよ。ここは一度誓約した方が君の将来のためだ」と誓約を促すようになる。

また、神奈川創価学会の最高責任者で職員の畑佳伸《はたよしのぶ》総神奈川長も、当初は、「君たちは間違ったことはしていない」「中央ではなく方面の監査委員会だったら君たちを守れたのに。しかし学会本部の決定である以上、川崎・神奈川としてはどうすることもできない」と口惜しそうにしていた。しかし、徐々に、『負けるが勝ち』という指導もあるじゃないか」と、私たちに強く誓約を迫るようになっていく。

みんな、私たちのことを親身に思うようで、どこか打算的だった。私たちは妥協を迫られているようで苦しかった。

「誤解の上に作成された誓約書にサインしてまで、自分を偽ることはできないのです。申し訳ありません」と伝えるしかなかった。

池田先生は「信仰の世界にあっては清濁併せのんではならない」との趣旨のことを『新・人間革命18巻』で言っている。

私たちの師匠は池田先生である。ゆえに、師匠の指導を自分たちは護りたいのだ。


すると6月下旬ごろ、職場の上司から次のように言われる。

「現時点では、監査の内容云々が取り上げられているのではなく、学会本部の指導に従わないことが問題になっている」「黙っていることが一番印象を悪くしてしまうんだよ」。そして、「どうしても整理のつかない、また納得のいかないことがあるならば、もう一度話を聞いてもらえないかとか、何か意思表示をしたらどうか」と提案された。

一瞬、目の前が明るくなったように思えた。確かに私たちとしても、自分の考えを監査委員会に伝えたかった。監査の結論を決定した原田会長や神奈川の職員幹部にも、自分たちが誓約をしたくない訳ではなく、誓約しようにもできない苦悩を率直に伝えようと思った。

早速、私たちは、原田会長、本部指導監査委員会、山崎総県長の3者に対し、誓約できない理由や再監査をお願いする内容を書いた手紙を提出。しかし3日後、原田会長に代わり、監査委員の高木から「原田会長は書面を見ました。会長了承のもと、必要と認められる新たなものがないため、本部指導監査委員会として再監査を行なう必要はないと判断した」という返答がきた。

なぜ再監査を行なう必要性を感じないのか、その理由が知りたい。幹部がどのように意思決定をしているのか、非公開であることが苦しかった。しかし、なんとか原田会長に一度でも話を聞いてほしいという思いが込み上げた。

「あの監査には多くの偏見と誤解、そして不正を隠す誤魔化しがあった。もし原田会長が一度でも直接私たちの話を聞いてくだされば、きっと真実を理解していただけるのではないか」

学会本部に従わなければ謹慎処分、役職解任処分

1週間後、私たちそれぞれに、川崎総県青年部長である本部職員の鈴木宣幸《のぶゆき》から電話があった。「7月14日に川崎総県人事委員会として伝えることがあるから、川崎文化会館の応接室に来るように」と告げられた。

当日、会館に赴くと、高梨幹哉東海道長、畑総神奈川長、田村昌男川崎総県総合長、山崎川崎総県長、鈴木川崎総県青年部長が勢揃いしていた。むろん全員、創価学会職員の幹部だ。冒頭、高梨東海道長から話がある。

「7月2日に原田会長、正木理事長、長谷川副理事長、谷川副会長等の学会首脳部をはじめ、関係者が集まって今回の一連の問題について会議を行なった。そこで『経緯はどうあれ学会本部の提示した誓約書を書かなかった皆さんの行動を、本部としては看過することは出来ない。本部の指導を聞かなかったという一点で、厳重な処分をせざるを得ない』と意見があった。今回、神奈川の人

事委員会で検討し、学会本部の首脳も理解した処分として、もし7月25日までに誓約書を提出しなければ譴慎処分とする。さらに11月17日までに誓約書を提出しない場合は、役職解任等の人事を検討する」

私たちは通知を聞いて唖然とした。「経緯はどうあれ本部の指導に従わない」という一点で処分——。監査委員会が取り上げた問題の中身も、監査の結論である誓約書の内容も、全く関係ないということか。「学会本部の指導に従わなければ譴慎処分、役職解任処分になる」という言葉も脅し以外の何ものでもない。

譴慎処分の発令日が「7月25日」に決まったことで、職場では誓約させようと上司からの風当たりが日増しに強くなっていく。

7月22日、池田先生が欠席された職員全体会議の席上、原田会長は以下のように話しはじめた。

「最近、若手職員のなかで、組織の中心者の指導を聞かず、職場の上司の忠告も聞かない者がいます。それで殊更に自分の正義を主張する。それは『学会の指導を守り組織の秩序を守る』という学会員としての最低限のルールさえ逸脱した、職員にあるまじき姿勢であると言わざるを得ません。しかも、その己の正当性を主張するために、あろうことか池田先生のご指導を、切り文的、教条的に、都合よく悪用する。これは悪辣な『師匠利用』だと明確に断ずるものであります」

会長の職員に対する言葉である。「職員にあるまじき姿勢」という言葉に会場内にはいつもと様子の違う不穏な空気が流れた。

会議終了後、職場に戻ろうとした滝川は、上司である落合良至《りょうじ》会員奉仕局局長に呼び止められた。「あれは君たちに対する話だ」と言われ、つづけて「池田先生は人生のあり方についての指導者、会長以下は組織運営面での指導者。その組織運営面のトップの意見に従わない人間はおかしい」と告げられた。感情を露わにして詰め寄る上司の発言に滝川はショックを受けた。

食事時間も与えられないまま6時間もの説得

さらに翌7月23日、滝川は落合局長、本田晴男会員奉仕局次長から職場の個室に呼び出される。そこには、上司たちの他に、宗教団体・神奈川創価学会組織の最高幹部である畑や山崎も待機していた。

上司たちの説得は朝から始まり、昼食時間も与えられないまま6時間にわたった。次のようなやり取りが繰り返されるばかりだった。

滝川「誓約だけはできません。それが正しいことだとは思えないのです」

畑「正しいか正しくないかじゃない。会長が決めた誓約書に誓約しないことが問題なんだ」

滝川「話を聞いていただいた上で、判断されるならば分かります。しかし、そういう監査ではなかったのです。だから再監査をお願いしたのです。私はどうしても誓約はできません」

山崎「明日までに誓約書を書かなければ辞表を持ってこい！」

「とにかく弟子である前に職員であることを考えることだ！」

「このまま書かずに役職解任になったら職員としてもいられる訳ない。反逆者扱いだ。そうなったら学会員としてもいられない」

畑　「反逆するんじゃないのか」

辞職を迫られる苦しさも当然あったが、それよりも上から言われるがままに誓約を迫る職員の畑や山崎に、部下の心を知ろうとする姿勢は微塵も感じられなかった。何度語っても理解してもらえないことが苦しくてならなかった。なぜ会員が誹謗され犠牲になっていると訴えているのに、事実や経緯がどうかではなく、原田会長が判断した結論に従わないことが問題だとされてしまうのか。到底理解できなかった。誓約すれば師匠は喜ぶのか。いや、どうしてもそうとは思えない。題目を上げ、勇気をもらわねば、職場に行けなかった。

翌24日、滝川が仕事を開始するとすぐ、落合局長、本田局次長から呼び出された。上司は「仕事をさせない」と言って滝川に迫る。

本田は「職場的にも、もう置けない。信濃町にも神奈川にも」「北海道の日本図書（外郭法人）の新聞輸送だ。クビにはできないが合法的にはそこまではできるから」「この職場にはいられなくなるのはもう決まっている」と伝えてきた。さらに、「僕の言っていることが分かんないんだったら、職員を辞めていいよ。

子どもみてーなことばっかり言うんじゃねんだよ」「局長と私の指導が聞けないんだったら、辞めてもらうってこと」「僕らも厳しいよ。覚悟しとけ」と詰め寄ってきたのだ。

他にも、職場の上司、地元神奈川の職員幹部からの説得は続いた。いや、説得ではなく、もはや〝脅迫〟だと思えた。しかし、苦しい時ほど、なぜか不思議と、師匠の言葉が『聖教新聞』に掲載される。師匠の言葉は実に温かかった。

「途中で何があろうが、最後に勝て！断じて勝て！最後に勝てば、全部、勝利なのだ」（池田名誉会長・２００８年7月22日付『聖教新聞』）

勇気をもらえる自分はなんて幸せなんだと、素直に涙が出た。

「先生！　先生！」と何度も心の中で叫んだ。「自分は弱い。しかし、その弱い自分は、偉大なる師匠の弟子にさせていただいた。絶対に負けてはならない！」

謹慎処分発令日の7月25日、仕事中の滝川に山崎総県長から電話がある。

「今日から謹慎処分とする。また、11月17日までに誓約書を書かなければ、全役職解任処分、またはそれに準ずる処分と謹慎処分となる。何年かは分からない。このことについては順次4者（壮年部、婦人部、男子部、女子部）の正役職の地区幹部まで、周知していく」

そして滝川以外のメンバーにも同様の通知がなされた。今では、誓約書の内容の当不当は関係なく「誓約しないこと自体が問題」とすり替えられていた。そして、地元川崎の組織では、誓約しない会員同志たちが問題を起こしたかのような偏見が広がっていく。

誓約できなかった会員たちと私たちは、学会本部が決定した謹慎処分を真摯に受けた。しかし、月に一度行なわれる、池田先生が全学会員に向けて指導する本部幹部会の衛星放送も見に行くことができず、池田先生に会えない苦しさに胸が締め付けられた。会員たちは無実である。むしろ本部職員の誹謗中傷と闘った勇気ある弟子である。この状況を黙って見てはいられなかった。

私たちは、なんとか原田会長に真実を理解してもらえるよう、もう一度監査をお願いしようと決意する。原田会長からは、再監査の要望には応じないとすでに返答されていた。しかし、もう一方で原田会長は、7月22日の職員全体会議の席上、以下のようにも語っていた。

「誰もが何でも気兼ねなく意見する、意見できることは大事です。私(原田会長)にも何なりと自由に言っていただきたいと、心から思います」

この言葉を信じて私たちはあらためて手紙を書き、9月19日と10月22日の二度にわたって、原田会長に直接手紙を渡す。

しかし、原田会長からは何の返答もなかった。そればかりか、原田会長は私たちが渡した手紙をコピーして、神奈川の職員幹部らに渡していたことが判明。信じて祈り、待ち続けていただけにその衝撃は大きかった。真綿で首を絞められるような、先の見えない謹慎処分が続いていく。

共に歩んできた同志の誓約

日を増すごとに強くなる家族や職場からの説得。ここまで共に歩んできた公明党職員の台東が、誓約書に署名することになる。彼が誓約したことで、その後の私たちの裁判や除名処分にも影響したことは第1章で記した通りだ。

すると2週間後、今度は学会本部の執行部が動き出す。12月15日、職員規律委員会の小倉賢三・職員局人事部副部長（当時）から私たちに電話があった。本部執行部の一人である谷川事務総長が発起人となり、「私たちの行為が職員規律に抵触する可能性がある」として調査することになったという。誓約するまで追い込もうとする執行部の意図を感じてならなかった。

職員規律委員会の委員長は、池田名誉会長から職員の不正の報告窓口に指名された第一庶務室総主事である長谷川本部長（現・理事長）とのことだった。

とにかく私たちの心は決まっていた。

「正しいと信じることを為そう。誠実を尽くし、誠意を尽くし、それで罰せられるなら喜んで受け入れよう」。私たちは、職員規律委員会から陳述を求められた「本部指導監査委員会の結論に服さない理由」などについて、それぞれが必死に陳述書を書き上げ、2009年1月、職員規律委員会に提出した。

しかし、しばらくしても、規律委員会からの動きはなかった。不安に押し潰されそうになりながらも、必死に「会員の無実を証明したい」と祈り抜く。朝も昼休みも夜も祈らずにはいられなかった。

そんな中、同年3月19日、野口と小平に職場の人事異動が言い渡される。野口は7年勤めた管理局管理第1部から管財局管財総務部へ、小平は10年勤めた会員奉仕局から管理局管理第1部に、それぞれ5月1日付の異動辞令が出た。

この時、野口は、職場上司の迫本秀樹部長（元・全国青年部長）から驚くべき話を聞かされる。迫本部長は「今回の人事異動は組織の問題が理由である。会長、先輩の指導を聞けない人間に、君が今担当している池田先生の周りの仕事をさせられないと上が判断した。これはある程度の人が知っています。もちろん異動先の管財局でも、局長や部長は知っています。でも、これは処罰ではないから」と言うのだ。

職員規律委員会に職務審査に掛けられている最中に、「組織の問題が理由」で職場の人事異動。誓約書に署名しないことで、「池田先生の周りの仕事」をやらせないとの差別的な理由が加えられ、配転命令が出された。野口は悔しさに震えながらも懸命に涙をこらえ、話を聞いた。

谷川事務総長一人の声で規律委員会が動く

謹慎延長期間が満了となる２００９年3月31日、謹慎処分を受けていた８名が、神奈川最高幹部から神奈川文化会館に呼び出された。一人ひとりが個室に呼ばれ、高梨東海道長を中心に５名の神奈川・川崎の職員である最高幹部の前に座った。牧野克隆総神奈川青年部長が、「今日は決定した人事をお伝えするのみとなっておりますので、様々な意見があっても聞けません。質問があってもお答えできません」と前置きし、通知が始まる。

そして、高梨東海道長より「全役職解任処分」が言い渡された。「経緯はともあれ、学会本部の指導に従わないならば、現役職を継続させるわけにはいかない」との処分理由が告げられる。

みんな学会員の両親の子どもとして生まれ、ただただ創価を信じ、師匠の指導通りに生きたいと思い、懸命に活動してきた。しかし、家族からも学会に迷惑をかけていると距離を置かれ、創価からも処分された人間として認定されてしまった。

一人当たり3分程度の通知で、次々と役職解任処分が下された。部長や地区リーダーの他に、「未来部を含む全役職を解任」「創価班、牙城会の人材グループを卒業」となった。

この時、役職解任処分となったのは、私たち3名の他に本部職員の茨城、会員の福岡、村上、木本、島根の8名だ。

全員の通知が終わると、私たちは神奈川文化会館の目の前にある山下公園に向かった。むろんその足取りは重かった。すると福岡がみんなに語りはじめた。

「ここまできたら生きるも死ぬも一緒だよ。本部の問題に出会った意味を果たすため、絶対に師匠の仰せ通りの本部に変えていこうよ。こんな問題に出会えたんだ。幸せじゃないか。もしこの先、職員のみんなが解雇になったら自分も仕事を辞める。会社を興して生きようよ。そして最後の最後まで闘い抜こうよ」

同志にとって、やっと叶えた夢の職業である。それを、この最も苦しいこの時に失っても良いと笑顔で語るのだ。彼の心に触れ、涙が溢れてきた。

そして、ただただ申し訳ないと思った。本部職員でありながら会員が解任処分されねばならない状況を止めることができなかったことに、自身の不甲斐なさを感じてならなかった。

私たちは誓った。

「何があっても絶対に同志の無実を証明するまで闘う！」

山下公園から広がる海を見つめて、同志が小さな声で、学会歌「威風堂々の歌」を口ずさんだ。師のため、友のために、全てをなげうつ同志の真心に、私たちは涙を流して、心で歌った。

２００９年４月15日、やっと職員規律委員会の小倉より電話がある。私たちは一人ずつ会議室に呼び出された。会議室には小倉が一人待っていた。規律委員会の結論が淡々と通知される。

「今回の問題は宗教団体の組織の問題であり、みなさんについての職員規律の抵触は一切ありません。職員として問題ありません」「職場でどうこうできる問題でもなければ、どうこうしてもならない問題です」

至極当然の結論ではあった。しかし、本当に嬉しかった。正当に判断されたと思った。そもそも、就業時間内の行為でもなければ、業務上の行為でもないのだから。

しかし、そうした出来事を職務審査に掛けた谷川事務総長の行為こそ、問題だと感じてならなかった。それと同時に、谷川事務総長一人の声で規律委員会を動かせる本部の実態を目の当たりにしたとき、このまま私たちへの制裁が終わることはないと実感するのであった。

第3章

意見する人間を徹底排除する本部執行部

「なんでこんな手紙を原田会長に書いたんだ。小平君！」

創価学会職員で地元川崎の最高責任者である山崎一久の怒号が私たち3人に飛んでくる。その山崎の手には、私たちが原田会長に書いた手紙のコピーが握りしめられていた。

本部指導監査委員会の結論に従えなかった私たちが、原田会長に再監査や「一度話を聞いていただきたい」とお願いするために出した手紙である。

第2章で記した通り、その手紙はコピーされ、２００8年11月2日に「謹慎処分の延長」を言い渡す神奈川・川崎の職員幹部に手渡されていた。

「原田会長本人に手渡した手紙が、他の人の手に渡ってしまうなんて……」

私たちはその事実に愕然とした。

しかし、感傷に浸る時間はなかった。地元川崎では、誓約しなかった会員たちがまるで反逆者のような扱いをされ続けている。この状況を打破するために、何とかしなければならないのだ。

もはや師匠にすべてを報告するしかない。

池田大作先生への手紙

私たちは師匠への手紙を作成する。

これまで自分達が体験してきた職員の問題、学会本部の問題をすべて書き出した。そして、手紙の最後には、「本部職員の問題に声を上げた会員4名の謹慎だけは解いて頂きたいのです」と書き記した。

学会本部では、師匠が職員全体会議に出席したり、車で移動したりする姿を見る。池田先生に直接、手紙を渡すしかない。私たちは師匠への手紙を常に上着の内ポケットに入れ、肌身離さず持ち歩いた。来る日も来る日も、師匠に会えたなら必ずこの手紙を渡そうと常に携え、学会本部に出勤した。

しかし、本部は誓約しなかった私たちを問題職員として排除していくようになった。そして師匠に会える機会をことごとく奪っていく。

毎月の職員全体会議も、もともとは2カ月に一度は本会場に参加し師匠の指導を直接聞くことができた。しかし、謹慎処分後は本会場の入場券はもらえなくなった。同時中継会場で師匠の元気な姿をモニターで見て、上着の内ポケットに入れた手紙を握りしめながら心の中で祈り続けた。

「何としてもこの手紙をお渡しさせていただきたい！　会員は本当に無実なのです！」

地元の組織では役職解任処分となった会員たちは反逆者であるかのような扱いを受けていく。８カ月ぶりに地元の座談会に参加できることになった会員の福岡大祐は、学会員にこう挨拶した。

「みなさんにご心配をお掛けしましたが、このたび役職解任処分となりました。ただ私は師匠池田先生に誓って何一つ間違ったことはしていません。今日より一男子部員として、師匠のため、創価学会のため、同志のためにこの身を尽くし抜いてまいります」

すると座談会に担当として来ていた幹部が、「その話はしないように！」と発言を制した。ふと周りを見わたすと、普段座談会に姿を見せない青年部の幹部たちが厳しい視線で福岡を見ている。「自分は監視されている……」。福岡は役職解任処分では終わらない制裁がはじまることを、いやが上にも感じていった。

さらに、共に役職解任となった会員の村上光明は、謹慎期間中に心配してくれていた地域の夫妻に、組織活動に復帰する挨拶をしに行く。

　すると二人から、「地元の地区では上の幹部から、『彼ら（村上たちのこと）を励ましてはいけない、人材育成してはいけない、できれば声をかけてもいけない』と言われている」と驚くべきことを伝えられた。衝撃を受けた村上は「どうしてそのようなことが徹底されているのでしょうか？」と聞く。するとその妻は、「創価学会の決めたことを守れない人だから」と当然のように答えた。

　確かに役職解任にはなった。しかし、一男子部員として活動できるようになったにもかかわらず、なぜ、幹部はわざわざ人間関係をさらに分断するような話を組織に徹底しているのか。会員たちは活動しようと動くほど、反逆者のレッテルを組織中に貼られている実態を知った。

　しかし、反逆者のレッテルを貼られようとも、地域の会合に参加し、友人に創価学会の信仰の素晴らしさを語るなど、自分たちに許された学会活動に真摯に取り組んでいった。

　彼らの無実を証明せずに本部職員として生きることは、師への裏切りだと思えてならなかった。「何としても師匠に手紙をお渡ししなければいけない！」私たちは御本尊に真剣に祈り続けた。

すると2009年10月27日、滝川のもとに、職場の上司であり以前に誓約書の提出を迫った落合局長から、業務終了間際に電話がかかってくる。

「明日、午後2時半に創価文化会館6階の大会議室に行ってください。行けば分かります」と告げられる。その瞬間、「人事異動」だと直感した。滝川の脳裏に1年前の上司との面談の場面が浮かび上がった。

あの日、上司が、「(会長が決めた誓約書に従わないならば)職場にも置けない。信濃町(学会本部)にも」「北海道の日本図書(外郭法人)の新聞輸送だ」と脅してきたことは、忘れられるわけがなかった。

滝川に「いよいよ信濃町(学会本部)から異動させられるかもしれない」という、先の見えない不安が襲った。

翌日、緊張して迎えた内示の場で、滝川は次のように言い渡された。

「東海道事務局、横浜池田講堂事務所。11月1日付で異動」

思わず安堵した。遠方ではなく、地元神奈川にいられることになったからだ。

しかし、師匠に手紙を渡せないまま、本部から離れることは苦しくてならなかった。翌日の２００９年10月29日、職員全体会議の場で滝川の横浜池田講堂行きが発表された。

職場で受けた本部執行部からの非難

そしてこの日から、創価学会本部の「本部執行部」が職場の会合を使い、公然と私たちへの非難を開始した。

本部執行部（当時）とは創価学会の最重要職に就く４名の通称で、「会のナンバー１」である創価学会会長の原田稔、「ナンバー２」である理事長の正木正明、「ナンバー３」である学会本部の「事務総長」職を務める谷川佳樹、そして池田名誉会長の秘書業務を長年務めてきた長谷川重夫・学会本部長（現・理事長）のことである。

職員全体会議終了後、創価学会ナンバー３の谷川は、本部別館６階・創価正義会館で行なわれた約３００名の青年部職員の会合に、担当幹部として登壇。

谷川は学会本部の「事務総長」という実務面の最高責任者だ。重要な決裁については会長、理事長と並び谷川の決裁が必要となる極めて影響力の大きい存在である。その谷川が大勢の青年部職員を前に、普段見せない興奮した姿で、突然、私たちへの非難を始めた。

「君たち青年職員の中に学会指導をいまだに受け入れない者がいる。これは由々しき事態だ！」「外の敵と闘わないことから、内部に乱れが生じ、滅びが始まる。破壊は一瞬なんだ。そうした行動をしている者が、君たちの身近にいるのだ。君たちの世代の問題は、君たちで解決するんだ！」

明らかに私たちに対する内容に恐怖が走った。谷川は、1年前の監査の結論を本部執行部の一人として「了承」し、その後も私たちを職員規律委員会に懸けた張本人だ。間違いなくあの監査が適正に行なわれたと思っているだろう。しかし、私たちにとってあの監査は、無実の会員たちを犠牲にする看過できないものであった。

さらに谷川は威圧するかのように、青年部職員たちにこう語った。

「『執行部は何もしていない』と池田先生は何度も言われるが、会長以下私たち執行部は毎日一生懸命仕事もし、地方指導で出張するなど連日必死に闘っている。先生のこの言葉の意味は執行部に対する『叱咤激励』なのだ。先生の話だけ耳にし、執行部が何もしていないと思う人間がいたら、勘違いも甚だしい！」

私たちは思わず耳を疑った。周りの青年部職員たちの顔も緊張で一気に引きつり、場内に動揺した空気が漂う。

もちろん谷川が学会本部でいくつもの重責を担い、学会本部を守ろうと必死になって仕事をしていることを否定しようとは思わない。谷川にのしかかる重圧や責任の重さは私たちの想像をはるかに超える大きいものなのだろう。しかし、そのことを師匠である池田先生が知らないはずがない。師匠に「執行部は何もしていない」と言わせてしまう、何かが谷川にあるのではないか。

それにもかかわらず、「執行部は連日必死に闘っている」と多くの青年部職員の前で自分を弁護し、さらには「執行部が何もしていないと思う人間がいたら、勘違いも甚だしい」と自分より下の立場にある青年部職員を非難する。それこそ勘違いも甚だしい。

会合終了後、同期の職員が滝川に思い悩んだ様子で「あれでは谷川さんの話を聞いた人が、周りの人たちを疑心暗鬼で見てしまう」「谷川さんの指導と別の執行部の指導が同じとは限らない。一体何を信じたらいいのか。誰が正しい指導なのか」と語った。

私たちは、「谷川事務総長はあれだけ血相を変えて『由々しき事態だ!』と威圧するかのように語るのに、なぜ一度でも会って伝えていただけないのか。なぜ一度でも面談をしていただけないのか……」と思う。

自分たちから会いに行き面談をしてもらえるよう懇願するしかない——。

私たちは谷川事務総長に直接会うことを決意する。

「行動に気をつけた方がいいぞ!」

4日後の昼休み、小平、野口、茨城(仮名)は本部食堂から出てきた谷川に話しかけようと近づく。緊張が走り、足は震えた。小平が勇気を出して声を掛ける。

「谷川事務総長、すみません。本当にお忙しい中とは思いますが、一度お話を聞いていただけないでしょうか」

谷川は一瞬こちらを見た。しかし立ち止まらない。

そして吐き捨てるように「(本部指導監査)委員会が動いてやっていることなんだ！　私が会うのは駄目に決まっているじゃないか！」と言った。

茨城は歩きながら、「なぜ駄目なのでしょうか」と困惑した様子で尋ねる。すると谷川は、怒りを含んだ声で、「それは自分たちが一番知っているだろ！　行動に気をつけた方がいいぞ！」と言い捨て、睨みつけながら学会本部の中に入っていった。

普段の冷静な谷川の姿からは想像できない興奮状態と威圧的な言動に、私たちは強い衝撃を受けた。

「やはり谷川事務総長は、何かとてつもなく私たちのことを誤解している可能性がある。はやく、あの監査委員会の実態をお伝えしなければならない」と感じた。一度話をさせてもらわなければ、誤解が不信となって拡大していく気がしてならなかった。

今度は、創価学会ナンバー2である正木正明理事長（当時）が、私たちへの非難を開始。正木は、『聖教新聞』職員の茨城が勤務する聖教編集総局で、11月12日の昼礼に担当幹部として参加し、約100名の聖教職員の前で指導をした。

正木は「幹部革命が大事だ」との話をした後、「最近、各方面のさまざまな問題に携わる中で、一つの共通する問題がある。それは『組織内組織』ということだ。私なりに分析したところ、ここには二つの共通点がある。一つは、『必ず、小教祖のようなカリスマが中心にいること』です。これは、本人の魅力的な資質と共に、周りがそれをカリスマに仕立て上げるという特質がある。そしてもう一点は、これらのグループは『自分たちが最も先生のことが分かっていると勘違いをし、池田先生はこう言っていると幹部を批判する点』にある。だから結局、会員を学会の組織につけるのではなく、自分につけようとする」と淡々と語った。

この「組織内組織」との話は、暗に自分たちのことを言っているのだと思い、さらなる恐怖が走った。正木も、私たちのことを「福岡を中心とする組織内組織（グループ）である」と認定した監査の結論を了承していた。

創価学会ナンバー3の谷川事務総長に続いてナンバー2の正木理事長までも

が、職員の会合の場で公然と私たちや無実の会員の非難を繰り返す状況は、もはや尋常とは思えなかった。

「直接伝えてほしい」「なぜ公の場で……」。すぐに誤解を解かなければ事態はどんどん大きくなってしまう。

危機感を募らせた茨城は、翌日、正木に本部食堂の出口で勇気を出して声を掛ける。

「正木理事長、聖教の茨城と申します。昨日は聖教編集昼礼で『組織内組織』との話を聞きました。私たちに対して言われているのだと感じました。お忙しいとは思いますが、是非とも、私たちの話を一度聞いていただけないでしょうか。お願いします」

茨城にすれば「たったの一度でもいい、一時間でもいいから話をさせていただきたい」という必死の思いだった。

しかし、正木は立ち止まらない。茨城に背を向けたまま、「分かってくれればいいよ」と言って立ち去っていくのである。

茨城は必死に正木の後を追いながら、「申し訳ありませんが、どうしても言われている意味が分からなかったので、ぜひ、私たちの話を聞いていただきたいのです」と懇願。しかし正木は振り向きもせず、「それはできない。全体には話すけど個別には話さないから」と言い捨て歩いていく。

それでも茨城はもう一度、正木の背中に呼び掛けた。

「それはなぜでしょうか。一度も話を聞いていただいていないのですが」

すると正木は、「それは君たちが一番知っているでしょ。とにかく駄目！」と一度も立ち止まらずに去ってしまった。

その4日後、正木はまったく同じ話を小平と野口が参加する学会本部の朝礼で行なう。約500名の本部職員が集う場でさらなる私たちと会員への非難を繰り返した。会合が終わると「誰に対する話だ、あれは」と職員同士が話をしている。中には小平と野口に冷たい視線を向ける先輩職員もいた。

一刻も早く誤解を解かなければ――。学会本部の中に、私たちや会員たちに対する「組織内組織」（グループ）との得体の知れないレッテルが広まっていく。徐々に職員の先輩たちからも蔑むような目で見られるようになる。道端で出会った棚野信久全国男子部長（当時）に挨拶をしても、無言で睨みつけ去っていく。

日に日に募る目に見えない非難の声に、私たちは恐怖を感じた。昼の休憩時間は職場の仏間に駆け込み、必死に題目をあげた。

苦しい……なぜこんなにも話を聞いてもらえないのか。会員の無実を証明できない自身の無力さに、涙が出てくる。しかし、前に進むしか生きる道はない。最も苦しいのは私たちではない。会員なのだから。

「報告の窓口」長谷川本部長を訪ねる

本部執行部の原田会長、正木理事長、谷川事務総長という創価学会のトップ3が一人として対話に応じてもらえなかった。そこで、本部執行部の最後の一人であり、師匠が報告窓口として指名した長谷川重夫本部長（現・理事長）のもとに行くことを決意する。この長谷川に対し、池田先生はかつて職員全体会議でこう言ったことがあった。

「何かあれば長谷川に言いなさい。そうすれば私のところにくるから。ちゃんと調査します。でも嘘があったら厳しくするよ。そうじゃないと公平じゃないからね」

その会場にいた私たちは、指名された長谷川本部長が「はい！」と返事をし、立ち上がる姿を見ていた。


小平、野口、茨城は、11月24日の就業時間前、創価文化会館2階の総合センターと呼ばれる広い事務スペースに置かれた長谷川本部長の席に向かった。朝の勤行を終えて戻ったばかりの長谷川は、まだ着席せず事務机の前に立っていた。その2メートル右後ろには原田会長、左後ろに谷川が席に座っている。

その本部執行部2人の視線を強く感じる中、茨城が勇気を出して話し始める。

「長谷川本部長、聖教の茨城と申します。解任となった職員4名で、長谷川本部長にどうしてもお伝えしたいことがあり、手紙を書いてまいりましたので、どうぞ受け……」

言い終わらないうちに、長谷川は話を遮り、声を張り上げてきた。

「なんで今ごろ来たんだよ！　なんで今なんだ！　川崎問題が起こった時になんで来なかったんだ！　君たちも苦しんだかもしれないけど、幹部も私も、み

ん な苦しんだんだ！」

　その声に驚いた数名の職員の視線がこちらに向けられた。茨城は必死に「ちょっと待ってください！　私たちは学生部で苦しんでいた時に、自分たちが相談し得る幹部の方には全て相談してまいりました。神奈川の坂本（秀久）副会長にまで相談に行きました」と答えた。すると長谷川はまた茨城の話を遮り、「聞いてたよ！　知ってたよ。でも、報告したんだったら、なぜ私のところに来なかったんだ。みんなも苦しみ、幹部も苦しみ、一番損をするのは学会じゃないか。みんなに迷惑をかけているのが分からないのか！」と言う。

　野口は誤解を解こうと必死に話す。

「私たちはプロセスを大事にしてきました。組織に文句を言おうなどと思ったことは一度もありません。ただ、自分のことではなく、職員の組織利用の言動により、多くの会員さんが傷ついている状況に声を上げざるを得なかったのです。現場の会員さんが傷ついてきたんです」

　続いて小平も、「私たちはどんな立場であろうと、どこまでも先生のため、創価学会のために闘う決意です」と懸命に伝えた。

すると長谷川は、「分かった。君たちの生き方を見ているから。見守っているから」と話を終えようとする。

最後に茨城が「長谷川本部長、このお手紙だけは読んでください！」と手紙を差し出すと、長谷川は「僕は受け取るものは受け取るよ」と手を伸ばし、私たちの手紙を受け取った。私たちは「よろしくお願いします！」と丁重に伝え、退室した。

話しかけても立ち止まってさえくれなかった谷川や正木とは違い、手紙を受け取ってくれた長谷川の振る舞いに、私たちは真心を感じた。やっと前に進めた気持ちになり安堵した。真剣に祈って返事を待ち続ける。

しかし1週間経っても返答はなく、2週間待ってもなかった。3週間待っても返事がない状況に、きっと多忙なのだろうとは思いつつも、何とか一刻も早く面談をしてもらいたいと思い、再び長谷川本部長宛に手紙を書いた。

12月14日の夜7時半過ぎ、今度は横浜市の職場から滝川も駆けつけ、野口、小平、茨城の4名で長谷川の席を訪ねた。約50席ほどある広い事務スペースには長谷川と数人の職員しかいなかった。

小平が持参した手紙を渡しつつ、「何とか一度話を聞いていただきたいのです」とお願いする。すると長谷川は滔々と語り始めた。

「私は君たちと会いたいとは思うよ。君たちの話を聞けば正しいと思うかもしれない。でも、みんなが反対するんだよ。特に監査委員会の緒方さんが、君たちと会うなと言っている」

そして、「緒方さんや会長、谷川さん、みんなが『会わない方がいい』と言うから、今の状況では君たちとは会えない。私の立場では会えないんだ」と事情を語ってきた。

滝川は思わず、「立場ですか?」と尋ねる。長谷川は、「そうだよ、立場だよ。今だってこうやって話しているところを見られたら駄目なんだ。今はたまたま谷川さんとか会長が隣にいないからいいけど、いたらこうやって話すことも駄目なんだよ」と言って周囲を見渡す。

「立場」とは一体何なのか——弟子の「立場」とは、「会員を護り、会員に尽くす立場」ではないのか。逃げようとしている長谷川の心を感じ涙が込み上げる。

小平は意を決して「池田先生が以前『何かあったら長谷川本部長に伝えるんだ』と仰られた一言をただただ信じて、勇気を出して長谷川本部長へお伝えしようと思ったのです」と打ち明けた。

長谷川は顔つきを変え、私たちをこう叱責した。

「それは先生を利用しているんだ！　先生を利用したら駄目だ！　君たちは自分の主張ばかりしている！」

そして最後は、「もういい。何度話しても同じだ。とにかく緒方さんの許可があれば会うから。君たちが祈って、努力して、私との対話の場を作るんだよ。もう今日は終わり！　終わり！　終わり！」と一方的に話を終えられてしまった。

この「緒方」とは、むろん無実の会員を犠牲にし、本部職員の〝不正〟に蓋をしたとしか言えない監査を行なった中心者のことだ。なぜその緒方の許可が必要なのか。何度祈り考えてもその意味が分からなかった。

池田名誉会長の三男に手紙を渡す

「信仰とは、たゆみなき挑戦である」（池田名誉会長・1998年6月24日付『聖教新聞』）

師匠に直接報告できる方法はないものか。

祈り続ける中、師匠の三男であり、第一庶務局で師匠の秘書として常に随行している池田尊弘《たかひろ》局次長が思い浮かぶ。師匠の子息であれば、報告してもらえる可能性があるのではないか――。

すぐに池田局次長宛に一連の問題の経緯について手紙を書いた。野口、小平、茨城の3名は決意を固め、12月28日の朝、第一庶務の事務所にある池田局次長の席へ向かった。対話のお願いをしに幹部に会いにいくのは、これで何度目になろうか。その度に、緊張し足が震えた。

席に座っていた池田局次長に、勇気を出して野口が話しかける。

「池田局次長にどうしてもお伝えしたいことがあり、手紙を書いてまいりましたので、読んでいただけますでしょうか」

すると、池田局次長は、「そうですか。分かりました。ご苦労様です」と笑顔で快く手紙を受けとってくれた。私たちは、「お忙しい中、本当にありがとうございます。よろしくお願いします」とお伝えし席を離れた。

笑顔で手紙を快く受け取ってくれた人は初めてだった。「笑顔」――たったそれだけのことだったが、私たちの心は感謝で一杯になった。

それから1カ月以上が経ったが、池田局次長からは何の返答もない。多忙な人であり、返事を催促することもできないと思った。不躾ながらも、もう一度手紙を渡そうと決意した。

野口、滝川、小平、茨城は2010年2月8日、本部全体朝礼の終了後に、池田局次長宛の手紙を持って第一庶務局の事務所を訪れた。ところが、私たちが事務所に入り池田局次長の席に向かう途中、第一庶務局の鶴淵隆副部長が両手を広げ、からだ全体で私たちの行く手をふさいだ。鶴淵は私たちに大きな体を押し付け、事務所の外に追い出した。そして突然、怒鳴り出す。「何しに来たんだよ。尊弘さんのところに来たのならだめだ！」「尊弘さんは池田家の人だから、組織のことで巻き込むな！」「組織のことは会長に伝えればいいじゃないか。

組織のことは会長や執行部なんだ！」と、鶴淵の興奮はおさまらない。

さらに、事務所の外に出て来た大山博道第一庶務室長が、「組織の問題であれば会長に行きなさい！　第一庶務は関係ない！」と怒鳴ってきた。滝川は、「一青年の声を聞いてください！」と必死に訴えた。

しかし、大山は怒りをあらわにして、「何が青年だ、会長のもとに行けよ！　青年なんだから、何度でも行けよ！　どんどん行けよ！」と、全く聞く耳を持たない。その後ろにいた萩原賢局次長も、「迷惑だ、帰りなさい！」と怒鳴るばかりだった。私たちはその状況に帰らざるを得なかった。

第一庶務の過剰な反応は明らかにおかしい。私たちは池田局次長にただ手紙を渡そうとしただけだ。

唐突な九州への配置転換

小平は諦めなかった。翌週、何としても2通目の手紙を渡そうと、本部全体朝礼に参加する池田局次長を、創価文化会館5階の広宣会館で題目をあげながら待った。池田局次長はいつもと同じ8時47分頃に、広宣会館に到着。最前列に座った池田局次長に小平は手紙を渡そうと、「尊弘さん」と声を掛けた。するとと突然、後方から「何をする!!」と声が聞こえた。次の瞬間、小平の視界は天地が逆転していた。気付くと、小平は後方から二人掛かりで手と肩を掴まれ、畳の上に組み伏せられていた。押さえ込んだのは連絡局の芝田晴一朗局長、内海康典部長だった。

野口は小平の近くでその現場を見て驚いた。会場にいた100人を超える職員の視線が小平に集まる。誰が見ても異常な光景である。小平はそのまま両腕を抱えられて会場の外に引きずり出された。

手紙すら渡せない悔しさと痛さに、小平は顔を歪めつぶやいた。「自分が一番苦しいのではない！　会員はもっともっと苦しんでいるんだ！」

それでも、小平は諦めない。さらに翌週の本部全体朝礼で、手紙を渡そうと決意。そして翌週、本部全体朝礼が終わったあと、小平は階段を降りていく池田局次長に、「尊弘さん！」とすぐさま声を掛けた。

すると今度は、第一庶務の職員で、小平より一つ年上の前多伸一郎主任が、突然、勢いよく肩をぶつけてくる。「なに、なに、どうしたの！　駄目だよ」と顔を引きつらせて詰め寄ってきた。小平は「前多さん、落ち着いてください。尊弘さんに手紙をお渡しするだけなのです。何が駄目なのですか」と訴えた。前多は興奮しながら「だから第一庶務のみんなから、尊弘さんのところに来ないように言われただろ！」と話す。小平は「僕は尊弘さんに用事があるんです。前多さん、邪魔しないでください。尊弘さんに手紙をお渡しするだけなんですよ、何が駄目なのですか」と返した。前多は黙ってしまった。

小平はもう一度、「尊弘さん！」と呼んだ。振り向いた池田局次長と目が合った。

「お手紙です！　お願いします！」

するとと池田局次長は、周囲を取り囲む連絡局の内海部長や第一庶務の大山室長たちに、「いいじゃないか。私宛の手紙なんでしょ」と告げた。そして、小平の方に手を伸ばし手紙を受け取ってくれたのである。大山たちは苦い顔をして押し黙る。池田局次長の真心を感じ、自然と涙が込み上げてきた。

「御本尊様、本当に、本当にありがとうございます」。小平は心の中で何度も何度も叫んだ。

職場に戻った小平は業務を開始。手紙を渡せたことで対話の道が開けるのではないかと思い、満足感で一杯になった。すると1時間ほど経ったとき、上司である川原毅管理局長から、「小平君、ちょっといいかな」と呼ばれる。局長席に行くと、「さっき職員局から電話がありました。2月の全体会議で人事異動になります。定期人事の流れだと思います」と伝えられた。

夕方、指定された場所に行くと、職員局の石嶋謙二局長と、その上司に当たる職員局担当責任役員の谷川事務総長が座っている。内示式の中心者である谷川事務総長が、淡々と説明を始めた。

「今回の人事は方面との交流人事も含まれます。人事戦略プロジェクトで検討を重ねてきた人事です。人事の交流を通じて個人の業務スキルアップを目指すことも含まれます」

そして、2010年4月1日付で「九州文化会館・副主任、小平秀一」と内示された。同日、聖教新聞本社の茨城も4月1日付で広島県への配転を内示される。

小平は前年の5月1日付で、10年勤めた会員奉仕局から今の管理局に異動してきたばかりで、まだ10カ月しか経っていない。管理業務を習得中の身であった。それにもかかわらず、「業務のスキルアップを目指す」との配転理由はあまりに不自然ではないか。小平は職員人事委員会委員長である石嶋職員局長に、今回の人事は組織の問題が理由なのかを聞きに行く。石嶋は「一連の組織の問題とは一切関係ない人事だ」と答えた。

小平はどこへ行っても師匠のために創価に尽くし抜いていく決意であった。しかし、師匠に手紙を渡すことができず、執行部の誰とも一度も話せない中で、遠方の九州に配置転換され、物理的に学会本部から離されることはこの上なく苦しかった。

池田名誉会長の長男に手紙を渡す

約半年前の２００９年11月には滝川が学会本部から神奈川県に配転となって

いた。そして今度は2010年4月に小平が福岡県へ、茨城は広島県へ配転となる。異動になれば師匠からも離れ、学会本部にいる主要な幹部とも会えなくなる。

とにかく手紙を一刻も早く師匠に届けたい。今、学会本部にいる意味を果たさせてほしい――。異動まであと1カ月。時間がなかった。池田局次長は一度、手紙を快く受け取っている。返答はないが、もはや池田局次長に師匠宛の手紙を渡してもらうことをお願いするしかない。私たちは3通目となる池田局次長宛の手紙を書くことを決意し、その手紙の中に師匠宛の手紙を同封した。

そして、3月1日の本部全体朝礼前、茨城が本部第一庶務の入口で一人でいた池田局次長に自然に渡すことができた。私たちの祈りに熱が入る。1週間祈り続けた。

「局次長、なんとか師匠にお手紙を届けていただきたい!」

1週間後の朝、野口は池田局次長が本部全体朝礼に向かう時に使うエレベーター前で池田局次長を待った。池田局次長が歩いてくる。ちょうど来たエレベーターに一緒に乗り込み、師匠への手紙を渡してもらえたかを尋ねた。すると、池田局次長の顔が険しくなり「渡せるわけないでしょ。そんなことばかりやっているから反逆者のように見られてしまうんだよ。どうして君たちは前を向かないのか」と叱責したのである。

ずっと快く手紙を受け取ってくれていた池田局次長の予期せぬ反応に、野口は困惑した。野口は必死に伝える。

「池田先生に、本部の実態をお伝えしなければならないと思っています。8年間、本部職員の傲慢さにより、多くの会員がいじめられてきたのです」

しかし、池田局次長は「渡せないよ。もっと前を向いて。まだ若いんだから。今はしっかり力をつけるんだよ」と師匠への報告を断ってきた。

本当に苦しかった。自分たちが全部正しいと思っている訳ではない。しかし、池田局次長は苦しむ会員たちの声を、真実の声を何一つ聞いていない。なぜなのか……。

「いかなる困難の壁にも屈せぬ負けじ魂だ。ひとたび、正義を叫んだら、相手の心に伝わるまであきらめぬ忍耐だ」（池田名誉会長・2005年1月31日付『聖教新聞』)

私たちはすぐに師匠の長男である池田博正副理事長(現・主任副会長)を訪ねることを決意した。2月度の職員全体会議で、師匠から何度も「大きな声で」と厳しくも温かい薫陶を受けながら、原稿を読んでいた姿を思い出す。その光景に、師匠からの期待と信頼の厚さを感じたからだ。

私たちは池田副理事長に手紙を書き、その手紙の中に師匠宛の手紙を同封。野口は3月17日、学会本部の中庭で池田副理事長に会った。野口が「どうしても副理事長にお伝えしたいことがあり、手紙を書いてきました。どうかお願いします」と伝えると、池田副理事長は「そうですか。分かりました」と快く手紙を受け取ってくれた。

「師匠へ届けていただきたい」。2週間必死に祈り続けた。

そして野口は本部食堂近くで池田副理事長を待ち、話しかける。「副理事長、先生にお渡ししていただけましたでしょうか?」

すると池田副理事長は、「私からは池田先生に渡せないから第一庶務に渡しました。だから第一庶務に確認してください」と答えたのである。野口は耳を疑った。第一庶務に師匠宛の手紙を渡しても師匠に手紙は届かない。だから池田副理事長に師匠宛の手紙をお願いしたのだ。そういった事情は全部手紙にも書いていた。それなのに、まさか第一庶務に渡してしまうとは……。

野口は、池田副理事長の後ろ姿を見つめながら、その場に立ち尽くした。

原田会長は言った。「アポイントを取りなさい」

２０１０年４月１日、小平は11年間勤めた学会本部から離れ、九州にいた。学会本部に残った野口は葛藤する。学会本部の中で反逆者のレッテルを貼られた自分とは、まともに話をしてくれる職員幹部はいない。もはや道がないかのように思えた。

一方、広島行きを目前に控えた茨城が、職場の上司であり、監査の中心者であった緒方に最後の挨拶をしに行き監査の話をしたところ、緒方から、「私は原田会長に言われた通りにやった。会長に言いなさい！」と伝えられた。

野口は監査の中心者の「私は原田会長に言われた通りにやった」との発言に衝撃を受けた。あの監査が会長の言う通りに行なわれたというならば、会長に真実を教えてもらいたい。

野口は、「たった一度、たった一度でいい。原田会長に直接話をさせていただき、本部職員の誹謗中傷によって無実の会員たちが不当に扱われてしまった経緯をお伝えしたい」と思った。

野口は原田会長に手紙を書く。

〈原田会長、真実を教えて頂きたいのです。今回の監査は緒方さんが言われた通り、原田会長が行なった監査なのでしょうか〉〈原田会長、私たちは、自分たちが全て正しいなどとは微塵も思っていません。一度お話を直接聞いて頂けないでしょうか。創価のためにもう一度ご判断をして頂けないでしょうか〉

5月6日朝の就業時間前、緊張で眠れぬまま朝を迎えた野口は、手書きした手紙を携え、一人、総合センターの中央に置かれた原田会長の席を訪ねる。足の震えをこらえながら「逃げてはいけない挑戦なんだ」と自分に言い聞かせ、原田会長の前に立った。「会長にどうしてもお伝えしたいことがあり、手紙をお渡しに来ました。お願いします」と手紙を差し出す。

するると原田会長は、表情を厳しく変えた。「あなたのしてきたことを振り返りなさい！　今日は受け取りません！」と怒鳴ると、そのまま野口に背を向けてしまった。

会長の背中に向かって、野口はもう一度、「会長、お願いします！」と呼びかける。しかし、会長は一切振り向かない。会長が野口を無視して別の作業に取り掛かったため、野口は「また来させていただきます」とだけお伝えし、その場をあとにした。

その後も何度か日を改めて、勤務時間外に原田会長を訪ねる。しかし、野口が声をかけた途端に、会長から「反省の書面はあるのか！　どうなんだ！」「反省の書面がないなら帰りなさい!!　終わりだよ！　帰りなさい!!」とフロア中に響く声で怒鳴られ、手紙を渡すことはできなかった。

さらに九州の小平と広島県の茨城も、9月26日の週末に上京し、学会本部の原田会長を訪ねた。すると会長は、野口の時と同じような様子で「アポは取ったのか。アポなしで来るのは社会的常識がないんだ」「九州から来てもらって悪いが、話すことはできません！　役員室で懇談のアポイントを取りなさい。以上、終わりです」と言う。

小平は面談のアポを取るために来ただけだ。アポを取るための訪問にも、アポがいるというのか……。

とは言え「役員室で懇談のアポイントを取りなさい」と会長本人から伝えられたのだ。小平は微かな希望の光が見えた気がした。原田会長と面談ができる可能性が出てきたのだから、一刻も早くアポイントを取ることだ。

事務所のロビーに出た小平を、会長秘書の野崎隆男主任が追い駆けてきてくれ「会長の担当は役員室総務第一部の竹内部長ですので、直接連絡をしてください。懇談を希望する理由は、通常、書面で提出することになっています。書面で提出してください」と丁寧に教えてくれた。

早速、原田会長にアポイントを申請する申請書を作成し、野口が11月16日に野崎主任に手渡し、会長秘書の竹内一彦部長へ渡してもらえるようお願いした。

入籍したばかりの野口にも配転命令

「いよいよ道を切り拓く!!」。そう決意した矢先だった。ついに野口に四国への配転命令が下された。

東京・信濃町から、縁もゆかりもない四国・香川県へ異動する人事。これまで何度も何度も、自分が滝川や小平のように学会本部から離れ、地方へ異動することを想像してはきた。むろん全国どこに行っても、大恩ある師匠のため、創価のために闘う覚悟は変わらないつもりである。

しかし、いざ現実になってみると、4日前に入籍したばかりの妻・桃子にはどう伝えれば良いのか、苦しくなった。その日、帰宅した野口は、妻に香川県への異動の内示があったことを告げる。妻は目を真っ赤にした。

野口は、あらためて自分の思いを伝える。

「一刻も早く師匠にすべてをご報告し、勇気ある会員たちの真実と正義を必ず証明してみせる。そして、必ず四国での使命を果たし抜き川崎に戻ってくるから、四国には単身赴任で行こうと思っている」

妻は必死に不安をこらえ、黙ったままうつむいている。

「申し訳ない。本当に申し訳ないと思っている、でも……」

妻の頬に涙がつたった。野口は必死に「なんとかお願いを聞いてもらいたい！」と続ける。すると妻は涙を拭い、意を決した声で語った。

「私に創価学会の素晴らしさを教えてくれた裕ちゃん（野口）や同志のみなさんは絶対に間違っていないと思っている。私は池田先生のお陰でこんなにも幸せな人生を教えていただいた。生涯、先生の仰せ通りに正しいと信じることのために、裕ちゃんと共に闘う」

創価学会に入会してまだ6カ月である。それでも懸命に師匠の指導通りに生きようとする妻の心に、野口は涙がこぼれた。妻の心には、「信仰を伝えてくれた感謝」がずっとあったのだ。野口はこの純粋な妻への感謝を生涯忘れないと誓う。

２０１１年1月30日の夜、野口は羽田空港に向かった。見送りに駆け付けてくれた会員同志や家族の顔には、怒りと悔しさが溢れていた。自分の問題をわがことのように捉え苦しむ同志の心に、涙が込み上げた。

「自分は絶対に負けません！　断じて学会本部の実態を師匠にお伝えし、必ず勝って戻ってきます！」と伝え、搭乗口へと向かった。

荷物チェックを済ませると会員同志の声が聞こえる。振り向くと「のぐっちゃん、負けないよ！」「のぐっちゃん、絶対に負けないよ！」と何度も叫びながら拳を突き上げ、会員同志が涙を流して自分に向かって叫んでいるのである。野口はその光景に涙が止まらなくなった。自分を必死に励まそうとしているのだ。

野口は必死に涙を拭い、その真心に応えようと拳を高く突き上げ叫んだ。

「絶対に負けません‼」

野口はこの真心を生涯忘れまいと心に刻み出発ゲートへと歩き始めた。

「正義のために勝て！」野口は、本部職員の不正人事によって苦しめられた学生部の時に、師からもらった言葉を思い出しながら、故郷の神奈川より新たな四国の地へと発った。

こうして原田会長をはじめ本部の最高幹部に対話をお願いし続ける中、2009年から2011年にかけて、滝川、小平、茨城、野口が半年ごとに、学会本部を離れ、神奈川、福岡、広島、香川に異動となる人事が続いたのである。

私たちへの「配置転換」の実態

九州の福岡県に配転となった小平は、九州方面の最高責任者である山本武副理事長（現・主任副会長）にこれまで自分が体験してきたことについて、一度話をしたいと思っていた。そして、9月から面談をお願いし、3カ月越しの2010年12月15日にやっと懇談が実現した。

小平は率直に、「4月から九州に異動で来たんですが、学会本部からどのようにお聞きになってらっしゃるのかなと思いまして」と尋ねる。山本は、「率直に言うと、学会本部からは当然、経緯のあらかたについては聞いています。君が今日まで監査委員会にかかって、もう数年前から君が地元の学生部長をしていた時代のころの史実だな」「それと同時に、その前提で、君が九州で職員を続けるのであれば、再出発の道を歩む意思があるのであれば、君も未来ある青年だから、白紙で見守っていきたいという思いがあって、九州に受け入れたんだよ」

と話した。

小平は耳を疑った。学会本部で配転の内示を受けた際、谷川事務総長と石嶋職員局長から聞いた「人事戦略プロジェクトで検討された『人事交流』『業務交流』の異動」とは明らかに違う内容だったからである。

山本の話では、「小平には、九州で『再出発』をしなければならない理由（問題事由）があり、小平が『再出発』することを望んだからこそ、九州が白紙で受け入れた」ことになっていた。

谷川が内示式で言った「個人の業務のスキルアップを目指す業務交流人事」との説明は、ただ表面を取り繕った表向きの理由であり、小平の配置転換は「制裁人事」であったことが明らかとなった。すべて建前であることが分かった時、小平は悔しさに涙が出てきてならなかった。さらに小平は、この後２０１１年9月1日付で九州多宝納骨堂に配転となる。九州に来てまだ1年5カ月しか経っていない中で全く畑違いの業種への更なる配転であった。

そして、香川県に単身赴任した野口への配置転換も、制裁人事であることが如実に表れた環境だった。新たな職場となる四国池田文化会館で配属された四国総務部では、入社2年目の女性職員が担当していた業務が引き継がれた。

毎朝の職員の出勤状況、毎週月曜の朝礼の内容、毎月1回の職員全体会議の状況を、それぞれ報告書1枚にまとめて本部職員局にメールで報告する業務だ。しかし、いずれも10分程度で終わってしまう仕事内容である。

その他の仕事は、週に1〜2回ほど行なう会議の準備として、部屋の換気、冷暖房の運転、机の水拭きなどだったが、10〜15分もあれば済んでしまう。

もちろん、学会職員の仕事に優劣はない。職員の根本精神は会員への奉仕であり、どんな仕事でもする決意だった。しかし、一日の業務に費やす時間は平均して30分。後は広い事務所の中央に置かれた自分の席で、黙って過ごすのである。とてつもなく長く感じる時間。何度時計を見ても進まない針。どう考えても野口のような入社10年目を迎える中堅職員の仕事内容ではない。

野口は上司に「何か仕事はありますか?」と率直に尋ねる。しかし、「考えます……」との返答で会話が終えられてしまう。一日一日職場に行くことが苦しかった。野口にとって最も苦しかったことは、自分の給与が会員の浄財によって支えられているのに、明らかに応えられる仕事ができていないことだった。会員の浄財とは、会員が毎日必死に働き、生活費を切り詰めて財務（寄付）してくれたものである。こうした真心に応えようにも何も担当させてもらえない職場に野口は苦しんだ。まさに〝飼い殺し〟と言えるような配置転換だった。

終業時間になると、野口は毎日定時に職場を出て1K8畳のアパートに帰宅。四国青年部の職員幹部からは、「職員でありながら役職がない野口の存在が、会員に誤解を与えないため」との理由で、月1回の座談会と本部幹部会中継以外の会合参加を禁止される。つまり異動した瞬間、事実上の謹慎状態になったのだ。

友人も家族も誰も知人がいない四国のアパート。野口は師匠の指導を学び、必死に題目をあげながら、原田会長との面談のアポイントを取るための手紙を必死に書き続けた。「何としても、原田会長との面談を実現させるのだ！　そして、故郷の川崎で不当な扱いを受け続けている会員の無実を絶対に証明したい！」

そして原田会長に4通目となる面談のアポイントをお願いする手紙を出した。

すると2週間が過ぎた２０１１年6月27日、突然、職員局人事部の小倉賢三担当部長から、私たちそれぞれに電話が来る。

「職員懲罰委員会からの呼び出しにより、6月30日に信濃町の世界青年会館ロビーに来てください」

職員懲罰委員会とは、創価学会職員就業規則に基づいて、法人職員に対して懲戒の審議・決定を行なう委員会である。その職員懲罰委員会からの呼び出しだった。

第4章

同志と共に「正義の闘い」に挑み続ける

「懲罰委員会の事務局です。職員懲罰委員会からの呼び出しにより、6月30日に信濃町の世界青年会館ロビーに来てください」

学会本部の公式機関である懲罰委員会から、私たちそれぞれに突然、呼び出しの電話がかかってきた。一体、何事か。

「職員懲罰委員会」といきなり言われても、いったい自分の何が問題とされたのか……。突然3日後に上京しろという業務命令にもかかわらず、上司への通知も書面もない。電話一本で理由も告げずに呼び出されるという対応だ。

最低限、呼び出しの理由は教えてもらえないのか。翌日、小平は中上政信・懲罰委員会委員長に電話する。招集の理由と懲罰に掛けられた内容を教えてほしいと中上に伝えると、中上は「来ていただければ分かります。今は答えられません」と言う。小平は「事前に懲戒の嫌疑がかけられている内容を通知していただくことは当然のことではないでしょうか。そうでなければ、懲罰委員会規程に書かれている『弁明の機会を与える』ということにはならないのではないのでしょうか」と食い下がった。

しかし中上は、「これは業務命令です。職場からの業務命令です。今までもそうしてきました」と質問には答えない。不安と焦りをこらえながら、小平は必死に「処分のために呼びつけ、内容すら知らせない。精神的苦痛は相当なものです」と訴えた。中上は笑いながら「大丈夫です。大丈夫です。心配なさらないでお出でください」と言うや、プツッと電話を切ってしまった。

小平は職場の上司に、「招集理由は分かりませんが、懲罰委員会に呼ばれたので行ってきます」と伝える以外になかった。

職員懲罰委員会からの突然の呼び出し

不安で眠れないまま、懲罰委員会の面談の日である2011年6月30日を迎えた。この日の面談はおのおの30分を予定されている。集合場所の世界青年会館で待機していると、創価旭日会館前にあるSTKビル地下1階の大会議室に一人ひとり呼び出された。はじめに小平が入室する。

「失礼します。よろしくお願いします」

大会議室には、懲罰委員会委員長の中上政信を真ん中にして左右に、松岡資《おさむ》・

副委員長、委員の忍田《おしだ》和彦、金澤敏雄、金子十四夫、そして懲罰委員会事務局で書記の石嶋謙二の6名が横一列に並んでいる。いずれも学会本部の重役ばかりだ。机を挟み対面する形で椅子が一つ用意されている。小平は、緊張で胸の高鳴りを抑えながら、着席した。

中上委員長が「6月22日に懲罰委員会が開かれ、小平秀一さんの言動について、懲戒事由に該当し処分すべきではないかとの意見が出されました。懲罰委員会としてはすでに一定の事実調査をしております。その事実調査を踏まえ、今後、職員懲罰委員会規程第7条に基づき、小平さんに対して弁明を求めます」と話しはじめる。そして、懲罰対象行為を読み上げ、小平に質問した。「一つ、平成21（編集部注：2009）年11月2日の昼、貴殿が茨城（仮名）と2名で、食堂の出口において、谷川事務総長に対し面談を迫り、谷川事務総長が断っても、さらに面談を迫ってきたこと。こういう事実はありましたですね？」

小平は「『迫る』というか、『お願い』をさせていただきました」と回答。すると中上は、「お願いであろうが、なんであろうとね」と言う。小平は「この事実認識は、谷川事務総長がそう言われている訳だと思うんですけども、その谷川さんの話だけで終わらせてほしくないんです」と必死に訴えた。

この谷川事務総長とのやり取りは1年半も前のことだ。突然、「事実はありましたね？」と聞かれても返答に窮する。日にちまでは正確に記憶していないが外形的な事実は覚えている。面談を「迫った」かと聞かれれば、迫ってはいない。至極丁重に「一度話を聞いていただけないでしょうか」とお願いしただけだ。そもそもこんな内容が懲罰にかけられていることに衝撃を受けた。しかも、自分の話を聞く前にすでに「迫った」との評価が下されているのだから。

そして、次々と読み上げられる内容に小平は愕然とする。これは完全に〝捏造〟されている——。焦る小平は必死に「これ事実じゃないです！」と弁明しようとした。すると書記の石嶋が「だから全部弁明は書類で！」と制する。小平は「これを突き付けられて、もし弁明書を出さないとなるとどうなっちゃうんですか？」と尋ねた。石嶋は平然と「認めたっていうことになる」「だから弁明の機会を与えている、一方的にならないように。それが民主主義でしょ」と答える。

そして、面談は終わった。

私たち3人が各々手渡された『懲戒の対象となる言動』という書面には、今回、懲戒の対象とされた行為が、小平は12項目、野口は8項目、滝川は6項目にわたって挙げられていた。私たちが、「職員の不正を隠蔽した監査の不正」について本部執行部4名に面談のアポイントをお願いしたり、池田尊弘局次長をはじめとする師匠の秘書に師匠への報告をお願いしたりした行為が取り上げられていた。

こうした行為を懲戒対象行為とすることで、私たちの師匠への報告行為を阻止しようとしたと思えてならない。もはや本部執行部の自己保身のための「権力の濫用」ではないのだろうか。一つひとつの項目を確認すると事実でないものや事実を著しく歪曲されているものばかりだった。

弁明に成功しなければ私たちは懲罰を下されてしまう。苦しくてならなかった。真実を語り抜く以外にもう道はない。

「懲戒解雇」という最悪の事態

弁明書の作成を開始した。自分たちが師匠の指導を胸に必死に行動してきたこと、そして学会本部の最高幹部たちが師匠の指導に反する言動を繰り返してきた事実を書き綴る。おのおの約１カ月かけて弁明書を書き上げ、２０１１年7月31日までに懲罰委員会事務局の小倉賢三宛に送付した。

懲罰を突き付けられ、ここで一歩でも引いたならば学会本部の実態を見てきた自分の使命はなくなると思えた。

しかし、最悪の場合は、解雇もあり得る。解雇になれば収入は断たれてしまう。野口は、「結婚してすぐに、四国へ単身赴任となった自分を支えてくれた妻に、さらに苦しい生活をさせることになる」と思った。妻のお腹には８カ月になる子どもがいる。共働きできる状況でもない。毎月の家のローン、子どもの出産費用、おむつや子ども服代だけでも、貯金はすぐになくなる。どれだけ節約しても家族を養い生活を続けていくには、別の仕事に就かなければならない。そもそも、解雇された自分を雇ってくれる会社などあるのだろうか。

自分のことならば、いくらでも我慢できる。しかし、妻とお腹の子どものことを思うと苦しくてならなかった。いろいろと考えても、正しいと思える具体的な答えは出ず、未来は全く見えない。

弁明書を提出してから２カ月が経った９月28日、小倉から「懲罰委員会として10月5日に再び学会本部に招集する」という電話があった。今回も何のために呼ばれるのか、一切説明がない。

「懲戒解雇」——最悪な事態が何度も頭をよぎった。

しかし、会員の無実を証明し学会本部を変える闘いだけは、師匠に誓って絶対に諦める訳にはいかない。そのためには、たとえアルバイト生活になっても家族を支えながら行動を続けていくしかないと決意。野口は御本尊の前に座り題目をあげつづけた。

「御本尊様!! なんとかお腹の子どもと、妻を護っていただきたい!」

面談前夜、野口は四国から羽田空港に降り立つ。共に役職解任処分となった会員同志やその家族たちが温かく出迎えてくれた。この同志たちは、18歳で学生部に入った時から14年にわたって、共に苦難を乗り越えながら闘ってきた戦友である。共に役職を解任された時には、生涯、師のため、創価のために命を懸けることを誓い合った。

四国に配転になってからも、上京するたびに、「共に本部を変えるために、支え合うのは当然だ」と、車で羽田空港への送り迎えをしてもらっていた。

懲罰委員会の面談を前に、福岡大祐の家に皆で集まった。野口は会員同志たちに率直な思いを語った。

「明日の面談で僕は懲戒解雇になるかもしれません。解雇になったら、アルバイトをしてでも家族を支え闘います」

そう語る野口の表情は未来の見えない不安と緊張でこわばっていた。それは集まった同志の誰もが感じていた不安でもあった。重く張りつめた空気が流れた。

その静寂を破って福岡は必死の形相で野口を叱責した。

「葬式のような暗い表情で何を恐れているの!! やっと正義のために首をはねられるじゃないか! 正しいことのために死ねるじゃないか! 師匠の前で胸を張って死ねるじゃないか! それが学生部の時から共に闘ってきた僕らの夢だったじゃないか!!」

福岡は、涙を流すまいと必死にこらえている。野口の心は痛いほど分かっているのだ。だからこそ勇気を伝え抜こうと、さらなる形相で叫ぶ。

「のぐっちゃん! これだけ理不尽なことを本部で体験できるんだ! 先生の

学会本部で体験できるんだよ！　難即安楽（※）じゃないか！　幸せじゃないか！　これほどの幸せがあるかい！」

そう語る福岡の目からついに涙がこぼれた。その場にいた同志みなが、その真心に嗚咽した。福岡はさらに涙を拭い、言う。

「いいかい、のぐっちゃん！　僕は君たち職員と誓った約束を一度も忘れたことはない！　あの時、僕は職員に約束したはずだ！　もし職員のみなが解雇になったならば、僕も仕事を辞める。そして、会社でも興そうじゃないかと」

野口の目から涙が溢れた。あの時の誓いを同志が忘れていなかったのだ。これまでずっと、同志はその心で共に闘ってきたのだ。

福岡は涙を流しながら、それでも届けとばかりに叫ぶ。

「本部職員を解雇される！　こんな有りがたい功徳に、もし心が引いたのであれば懲罰委員会に正義など叫べるわけがない!!　やっと真実を伝えられるチャンスが来たじゃないか！　のぐっちゃん！　やっと正義を為す時が来たじゃないか！」

その場にいた同志たちが涙ながらに次々と語りはじめた。

「僕はラーメンが大好きだから、みんなでラーメン屋でも始めようよ。みんな交替で店に立てば、創価を変える闘いも続けられる」

「皆で保育士の資格を取って保育園を開くのはどうかね。みんな子どもは好きだし。そして夜は創価変革の闘いだ」

野口は、その真心に涙が止まらない。そんな簡単に、新たな仕事が興せるなど微塵も思っていない。同志の心が嬉しかったのだ。福岡は諭すようにこう語った。

「一人で闘っているのではないよ。本部職員だけで闘っているのでもないよ。本部職員と会員とが共に闘い、共に支え合っていくんだよ。絶対に一人にはしない。それが師匠の創られた、民衆のための創価学会だよ。だから絶対に一人にはしない!!」

人生の中で、こんなに泣いたことはない。

同志は野口が解雇される不安と葛藤している微妙な一念を、敏感に感じとっていた。その一念では勝てない、なんとしても励ますのだと。先の見えない創価の不正との闘いに毛筋ほどでも臆す心があったならば、弟子の生き方を貫くことはできないのだと。

野口は同志の真心に応えようと、決意を伝えようとするも、感謝の涙で言葉にならない。福岡は野口を見つめ、涙で顔をくしゃくしゃにしながら、それでも伝え抜くのである。

「のぐっちゃん！　聞こえない！　これから戦場に行くんだもの！　それじゃ聞こえないよ！　絶対負けないよ！」

同志みんなのすすり泣く声が聞こえる。野口は止まらぬ涙に負けてはいけないと、力の限りを尽くして叫んだ。

「自分は……不甲斐ない弟子かもしれませんが池田先生の弟子です!!　絶対に、最後の最後まで命の限り正義を叫び抜きます!!」

真実の同志に出会えたこと。それが、自分の人生にとって最高最大の誉れであり、最大の幸福である。この同志の心を、生涯忘れることはない。師匠のおかげで、同志と出会えた。我が身を師匠のために捧げ抜くことこそ、僅かながらの恩返しである。

師弟に生き抜く人生に職員も会員もない。立場も肩書きも関係ない。人生において大事なことは、誓願に生き抜く、我が勇気である。

判断の根拠は「非公開」

翌日の10月5日、私たちは決意を新たにして、懲罰委員会の面談の場に臨んだ。世界青年会館の会議室に、最初に小平が呼ばれる。

懲罰委員として、前回のメンバーに婦人部最高幹部の笠貫《かさぬき》由美子が加わり、7名の大幹部が横一列に並んでいる。張りつめた空気の中、中上が話し始める。

「本日は職員懲罰委員会として、審議し出した結論について、懲戒処分の通知を小平さんに行ないます」

そして、処分対象行為が一つ一つ読み上げられた。小平は黙って聞きながら思う。「前回の面談の時と全く内容が変わっていない。これは事実ではない……」

中上は淡々と手にした書面を読み進め、最後に「貴殿の所為は、職場の人間関係に軋轢を生じさせ、職場環境を悪化させるものであり、職場の秩序保持を定めた就業規則第33条（服務上の注意事項）第2号『互いに協力しあい、より完璧をめざして勤務に励むこと』に違反する」「よって当法人は、貴殿を、始末書を取り反省を求める『譴責』処分とします」と伝えてきた。学会本部の最高幹部に対話のアポを求めただけの私たちの行為が、「互いに協力しあい、より完璧をめざして勤務に励むこと」に違反するとされたのだ。

そして、反省と再発防止を誓う始末書の提出を求められる「譴責処分」という懲罰が下された。小平に怒りが込み上げた。そして、次のやりとりになる。

小平「嘘があるんです！」「こちらが、弁明して伝えた内容もあるじゃないですか？ その内容については、どのように判断をされたんですか？」

中上「お答えする必要はありません」

小平「なんでですか？」

中上「非公開です」

小平「どのように検討したのか教えてください」

中上　「だからその検討した内容というのは、あなたにお答えする必要はないんです。それだけの『権威』を持っているんです！」

都合が悪いことを問われれば「非公開」。最後は、答えなくても良い「権威」を持ち出す。こんな論理が通用していいのだろうか。

けっきょく、懲罰委員会は小平が尋ねたことには一切答えず、1週間後の10月12日までに始末書を提出するよう言い渡し、通知を終了した。

面談のあと、よくよく通知書の記載内容を確認して驚いた。２０１１年6月30日の面談の時に配られた『懲戒の対象となる言動』との書面に書かれた私たちの行為が、ほぼそのままコピペされて『懲戒処分通知書』に書かれていたのである。私たちの弁明は、一つも採用されていなかった。「はじめから結論ありき」の審査といえるのではないか。

私たちは「始末書を書くことができない理由」を書面にまとめ、10月11日に懲罰委員会へ提出。ところが、始末書の提出期日を2週間ほど過ぎても懲罰委員会から何の連絡もこない。審査が終わったのかどうかも分からず、私たちは懲罰委員会関係者に問い合わせの電話をかけた。

しかし、書面提出後、懲罰委員会の窓口である小倉は、初めはやり取りができていたが次第に電話に出なくなっていく。そして中上委員長と懲罰委員会事務局責任者の石嶋に至っては着信拒否となり、まったく連絡が取れなくなった。

創価学会本部の金銭横領疑惑

一方、地元川崎では、創価学会職員の中村伸一郎による会員〝侮辱〟事件が起きた。中村は、２００９年ごろに発覚した学会職員による金銭横領疑惑の関係者とされている。後日であるが、私たちはこの疑惑について、知り合いの元聖教新聞職員から詳しく話を聞く機会があった。

にわかには信じられないことなのだが、その疑惑とは次のような内容だ。

１９９４年ごろ、公明党に批判的な自民党議員らを母体とする四月会が創価学会攻撃を始めた。その際、ある学会本部幹部が、反撃のための出版物作成の仕事を請け負い、自分たちが連日の飲み食いで使った費用を接待費、取材費などとして、1997年〜2006年の約9年間で約数千万円にも及ぶ金銭を横領したという。

連日のようにその幹部たちの多額の飲み食いの領収書が接待費として回ってきたため、当時、その刊行物の出版元の経理部社員（創価大学出身）が不審に思って調査し、事件が発覚。調査と処分は、創価学会本部の顧問弁護士でもある福島啓充《ひろみつ》が担当し、関係者は人事異動になったという。

そして、さらなる金銭横領事件が起きたと言われている。

2008年〜2009年にかけて、同じ学会本部幹部らが他の出版物を作成する仕事を請け負い、またしても私的な飲み食い等で使った費用を取材費等の名目で請求。その額は、約1年間で約数百万円とされる。

2009年5月頃、学会本部で一斉に内部告発され、同年10月29日の職員全体会議でその疑惑にかかわった大多数が異動となる大規模人事が発表され、降格となる者も多数いた。

同日、神奈川へ異動辞令を受けた滝川は、聖教新聞編集局の若手記者らが北海道、東北、中部、関西などへ異動となるだけでなく職場役職が降格となっている事実を目の当たりにし、詳しくは分からなかったが、何か大きな問題が起きているのではないかと感じた。

この人事が行なわれた翌月、滝川は聖教新聞編集局に勤める職員の同僚から、「編集局の大規模人事の理由は、職場の予算を特定の人間で私的流用していたことによるものだ」と聞かされ驚いた。

そして、「神奈川にもその件で編集局から異動になった職員が一人いる」と聞かされたので調べると、当時編集局から神奈川に異動となっていた人物が一人だけいた。それが中村伸一郎であった。しかも、中村は滝川の実家から100メートルの近所に引っ越してきており、滝川は以前から名前だけは知っていたのである。

滝川は2010年7月29日、神奈川創価学会の最高責任者である直属の上司と面談する機会があり、神奈川に異動してきた中村伸一郎について編集局の金銭横領疑惑に関与していたのかを率直に尋ねると、疑惑が事実であるかのように滝川の問いに答えた。

しかし、その上司は「君には関係ない話だ」と言い、すぐに話題を変えた。上司の言動に、滝川はあらためて驚愕し、その金銭横領疑惑がやはり本当ではないかという思いを深めた。

もちろん、私たちには事件の全容解明はできない。しかし、こうした疑惑が表面化すること自体、学会本部が組織上の問題を抱えていると感じた。

会員たちを次々と〝侮辱〟する中村伸一郎

中村伸一郎は、２００９年11月に創価学会神奈川文化会館内の聖教新聞社神奈川支局の副支局長に配置転換となった。その2年後、私たちと共に役職解任となった会員の福岡や木本秀信の住む地域の支部長（宗教団体役職）に任命される。中村は支部長に就任する際、「福岡を中心とする役職解任処分された問題グループのメンバーが住んでいる地域だ」と組織から聞かされていた。

その支部内のアパートに、木本秀信は創価学会の女子部員である小林貴子と結婚を前提に同棲をしていた。しかし経済的な事情から、二人で2部取っていた『聖教新聞』を1部に減部しようと考える。貴子は２０１２年1月29日、『聖教新聞』の配達員に1部減部したいことを伝えた。

　すると翌30日、派遣で支部長になったばかりの中村伸一郎が夜9時過ぎに、地区部長と二人で木本宅を訪れる。まだ木本は仕事で不在だったため、貴子は応対するか迷ったが学会幹部であることを信頼し、ドアを開けた。

　ところが、中村は初対面の貴子に対し、『聖教新聞』の減部の理由である経済状況について何一つ聴こうとせず、減部の申し出を拒否した上、貴子の信仰心を否定する発言をしたという。貴子にとっては、そのときの中村の発言は、これまで積み重ねてきた信仰を頭ごなしに否定されたように感じるものであった。ショックで混乱してしまい、返す言葉も見当たらなかったそうだ。それでも貴子は一つだけどうしても確認したかった。必死に、「本当に新聞（の購読部数）を1部にすることはできないんですか」と尋ねると、中村は拒絶したという。

　その晩遅くに帰った木本は、貴子が泣きながら話す姿に怒りで体が震えた。

「なぜ、事情も聴かず、新聞の減部を拒否されねばならないのか。初対面の会員の信仰心を頭ごなしに傷つけるとは何事か！」

翌日、中村に電話をした。木本は会ったことも話したこともない中村に、努めて冷静に問いかける。

「自分は『聖教新聞』の配達員を4年やってきましたが、『「聖教新聞」の減部ができない』なんて聞いたことないです。『一人が1部を購読しなければならない』という池田先生の指導がありますか?」

すると中村は、「そんな指導あるわけないでしょ」と平然と答えた。そして徐々に感情を顕わにし、「うるさいんだよ！　なんであんたに関係あるんだ！」「じゃあ減部すればいいだろ！」と怒鳴り、突然電話を切ったという。

木本は唖然とした。初めて話した中村の言動には問題があると感じた。まず会って話し合う必要があると思い、電話をし直し、直接話をしたいとの留守電を残した。その後、中村は木本の電話には一切出なくなった。

電話を折り返すと着信拒否設定

ところが翌2月1日、中村は仕事中の貴子に7回も電話をかけてきた。貴子が仕事終わりに電話を折り返すと、中村は、「明日21時に地元の会館に来てください」と突然伝えてきた。

あまりに急な話に貴子は困惑した。設定された時間では、会館の退館時間である夜22時まで1時間しかない。この前初めて言葉を交わしたばかりの中村と互いに自分のことを話すだけでもあっという間に過ぎてしまう。どこまで納得のいく話し合いができるのか心配だった。貴子は、納得できなければ再度対話の場を持つことと、中村が訪問してきた場に居合わせた地区部長も交えて3人で話をすることの2点を了承してほしいとお願いすると、中村は「分かりました」と答え、翌日の面談の場を迎えることになる。

翌2月2日に貴子が会館に行くと、玄関先にいた中村が案内。会議室に入ると、中村と地区部長の2人以外に、本部職員の若浜利一区長、元本部職員である中村の妻、『聖教新聞』神奈川支局長の妻の幹部3人が待ち構えていた。

支部長の他にも総区副書記長を兼任している中村は、自分よりも役職の低い本部職員の関係者たちを事前に招集していたのだ。貴子は「3人で話す」という約束を反故にされ、5人もの幹部に囲まれる中で面談が始まったのである。

貴子は萎縮した。

そんな貴子をよそに、中村は持参した分厚いファイルを手に自分が聖教新聞本社で17年間、池田先生の『聖教新聞』に対する思いを感じてきたという経歴を、滔々と45分にもわたって話し続けた。そして「師匠が大事にされている『聖教新聞』だから1部でも減部させてはならないと思っている」と語る。

もちろん貴子も、師匠の思いが込められた『聖教新聞』を大事に思っている。学生時代には新聞が入れてもらえない寮に住んでいたが、寮生活で信頼を得た後に、寮監にお願いし『聖教新聞』を入れてもらうという求道の心で学んできた。

ただそれでも今は経済状況が厳しく、葛藤の末、木本とも相談し、やむなく1部減部する決断に至ったのだ。しかし、中村はまたしても貴子の事情を聴きもせず、一人延々と語り続け、まさに〝独演会状態〟であったという。

中村は1月30日の貴子とのやり取りに触れたかと思うと、「減部がダメとは言っていない」「信心がないとは言っていない」と自己弁解を始めた。さらに、「小学生のキャッチャーに剛速球を投げちゃ可哀想でしょ。そういうことをしちゃったな」と、貴子を小学生に見立てて語ってきたという。

「貴子が傷付いたのは自分が悪いのではない。貴子が未熟であるからだ」とでも言うように。最後に中村は、「間違ったことを言ったとは思ってない」と言って面談を終えた。貴子は苦しくてならなかった。言いたいことがうまく言えないもどかしさに不甲斐なさを感じ、胸が締め付けられた。

「ここで負けてはならない。おかしいものはおかしい！」

震える手で携帯電話を握りしめ、その夜中村に電話し、「再度対話をさせてもらえる約束をしていたと思うので、もう一度対話の場をもってほしい」と留守電を残した。3日後にはメールでも同じ内容のお願いをした。

すると仕事中の貴子に連日にわたり、中村から3コールで着信が切れる電話がかかってくるようになったという。ところが貴子が仕事後にその電話に折り返すと、なんと着信拒否設定されていて電話が繋がらない。

1週間後、ようやく中村の電話に出ることができた。しかしその電話の中でも中村は、婚約者である木本のことを「人非人」「お調子者」「まともな人間じゃない」などと罵った。さらに貴子には、「『聖教新聞』を1部減らさずに、もう1部ね。頑張って取ってみな」「1部新聞啓蒙できたっていうなら会う」と告げてきた。

そしてこの会話の中で中村は、「自分（貴子）の仲間に聞いてみれば分かるでしょう」「君たちの仲間だよ」と言って、貴子を「本部から問題視されたグループの関係者」として見る〝偏見〟を語り始めたという。

止まらない中村の行動

中村は、さらに貴子が中村のことで相談に乗ってもらっていた同じ地区の男子部幹部志田滋に対しても、〝侮辱〟や挑発行為を繰り返していく。男子部の志田は福岡と中学からの親友で、福岡の紹介で創価学会に入会し、貴子とも長年の友達付き合いがあった。貴子から中村のことを相談された志田は、何とか解決したいと思い、面識のあった川崎の最高責任者であり創価学会職員の山崎一久に相談するため手紙を書く。

しかし、山崎から返答を待っている最中、志田の携帯電話に突然、知らない番号からの着信履歴があった。折り返すと、なんと中村であった。面識すらない志田に対し、中村は舌打ちを続けながら「山崎さんのところに行くな！」「おまえはおかしい。偏執狂だ！」と罵倒し、電話を切ったという。一瞬何が起こったのか分からず、志田は混乱した。

なぜ山崎に中村のことを相談する手紙を書いたのに、中村から電話がかかってきたのか。すぐに電話を折り返す。しかし中村は、志田の電話を着信拒否設定していた。

相次ぐ暴言と嫌がらせを繰り返し、言いたいことだけ言って電話を切る。それでいて着信拒否するという行為を繰り返す中村に対し、貴子、木本、志田の3名は話し合いを求めていく。

しかし、電話は繋がらず、それぞれ中村宅を訪問したが中村は不在であった。貴子たちは、「一度お会いしてお話ししましょう」と書き置きを残し、どこまでも話し合いによる解決を模索していった。

そんな中、驚くべきことが起こる。中村は、創価学会職員の先輩や同僚などが多くいる地元の組織に、自らが貴子らを〝侮辱〟し挑発し続けた言動を棚に上げ、貴子たちから集団で威圧されていると報告したのである。中村の話を鵜呑みにしたのか地元総区の幹部たちは、貴子たち3名の話を一度も聴かないまま処分を決定する。

そして地元総区の最高責任者は3月7日、非通知の電話一本で、貴子たち3名それぞれに「役職解任、会合参加禁止、組織幹部への訪問・連絡禁止、会館出入り禁止」の処分を言い渡した。もはや「除名」と変わらない。

「会員第一」「対話が根本」を掲げる創価学会において、会員の話を一度も聴かずに処分を決定する〝前代未聞〟の出来事といえるだろう。

声を上げた会員も処分

突然、夫が役職解任処分等にされてしまった志田の妻の久美子は、衝撃を受けた。久美子は悩んだ末、発端である中村支部長本人に話をしなければ問題は解決できないとの思いに至り、3月15日に勇気を出して中村に電話をかけた。しかし、中村は久美子と一度も話したことがないにもかかわらず、この時すでに久美子の電話番号を着信拒否設定にしていた。

久美子は意味が分からず唖然とする。メールならば送れるかもしれないと思い、「一度お話を聞かせていただきたく連絡させていただきました。電話が繋がらないのですが、着信拒否の設定をしているのでしょうか？　電話に出ていただけませんか？」と送った。そのすぐ後、中村から電話がかかってきた。久美子は冷静に夫の処分理由を尋ねる。

すると中村は、「そのことについてはお話しすることはありません。こっちが被害者なんですよ。あなたねー、人を殺してもいいんですか！」と興奮して話したという。

創価学会職員で支部長という会員に尽くすべき立場の中村が、突然「人殺し」呼ばわりする暴言に、久美子は愕然とした。幹部として会員を第一に思う心は微塵もないのではないか。久美子は「なぜ人を殺すなんて話になっているのですか。そもそも中村さんが謝らないことから問題が始まっているのではないですか」と答えるのが精いっぱいだった。

それからも必死に中村とやり取りを続ける。中村宅にも足を運んだ。支部長の中村とは、いずれ会合で会うことになる。なるべく早く関係を正常にしたいとの思いからだった。

最初の電話から僅か8日後の3月23日、久美子にも地元総区組織から非通知の電話一本で「会合参加禁止、組織幹部への訪問・連絡禁止、会館出入り禁止」処分が言い渡された。久美子も地元総区から一度も話を聴かれることなく処分されたのだ。

しかもこの処分通知の後、中村は久美子に電話をかけ、こう言ったのである。「謝罪をするのかな」。さらにメールを送り、「謝罪する意思があるかどうか知りたかったのです」と久美子に伝えてきた。

突然、久美子が処分されたことを聞いた野口の妻・桃子は衝撃を受けた。桃子にとって久美子は高校以来の大親友であり、自分を創価学会の信仰に導いてくれた紹介者でもあった。夫である野口が四国へ単身赴任となってからも一緒に会合へ行き、支えてくれたかけがえのない存在だ。桃子は思う。「なぜ夫の処分理由を尋ねただけの久美ちゃんが、処分されてしまったのか」

桃子は、久美子と共に信仰活動ができなくなることが苦しかった。その理由を知りたいと思い、支部長の中村に電話をかける。

しかし、中村は、「お話しすることはありません」と言って電話を切った。桃子は電話を切られる意味が分からない。数日後、桃子はもう一度中村に電話をかけた。すると中村は、桃子に対して数々のありえない暴言を浴びせたという。

「頑張っているんでしょうけれども、基本的な知性っていう部分で、非常に、おぼつかないものがあるんです、あなたは」「ちゃんとした教育を受けていますか？」

桃子を完全に侮蔑した発言であった。

さらに、中村は自分の2人の子どもの笑い声を電話口で桃子に聞かせ、「小学生の子どもたちも笑ってるよ」と言った。それだけでなく、「ありていっていう言葉はわかります？　ありていっていう言葉自体もわからない人とお話ししているんだね、私、今」「お勉強なさった方がいいですよ、本当に」「だって馬鹿なんだもん」と続けていく。中村は、こうして次々と地元川崎の会員たちを傷つけ、苦しめる問題を起こしていった。

貴子たちはこの間、川崎の最高責任者である山崎総県長に相談の手紙を書くだけでなく、畑東海道長、高梨東海道総合長などにも手紙を書き、話を聴いてほしいとお願いしてきた。しかし、誰一人として返事はなかった。

貴子たちは原田会長に直接手紙を書くことを決意。２０１２年3月26日と4月4日の二度にわたって、原田会長に手紙を出した。

「どうか私たちの話を聞いてください！」

会員除名の撤回をかけて

貴子、木本、志田のもとに、創価学会神奈川県審査会から4月8日付で一通の封書が送られてきた。封を開けてみると、なんと「除名審査の取り調べを行なうから出頭せよ」という通知書だった。「除名」という言葉に、貴子は一瞬にして目の前が真っ暗になった。純粋に信仰に励んできた貴子は、創価学会員でいられなくなる人生など考えたこともなかった。

木本にとっても、師匠池田先生が築いてきた創価学会から除名される苦しみは想像を絶するものがあった。木本は、創価学会員の家庭に生まれ、35年にわたり創価の信仰に励んできた。信仰とは生きる意味であり、人生の目的そのものだ。

それは志田も同じだ。志田は中学時代の親友である福岡の勧めで入会。友の励ましと創価の信仰によって多発性硬化症という特定疾患（難病）を完治することができた体験がある。その後も夢であった職業を勝ち取り、信仰のお陰で幸福を築く人生を歩んできた。その信仰を奪う除名は「死」を突き付けられたも同然であった。

私たちは、共に役職解任となった木本や貴子から除名審査の書面を見せてもらい、怒りがおさまらなかった。

貴子たち3名が中村に連絡したことや中村宅を訪問したことが、会と会員に対する迷惑行為であるとされていた。そもそも中村が貴子たちを次々と〝侮辱〟さえしなければ、わざわざ中村に連絡することもなかったし、着信拒否や挑発行為を繰り返さなければ、中村宅に行くこともなかったにもかかわらず、である。

この除名申請を上げた地元総区の幹部（本部職員）は、貴子たちの話を一度も聞いていない。

滝川は、貴子たちが3月7日に地元総区から「会合参加禁止」等の処分を下されて以降、神奈川創価学会の最高幹部である職員の畑佳伸、山崎一久に連絡・相談し、神奈川・川崎としての対応を求めてきた。しかし、どちらも一向に取り合わなかった。やむなく他の神奈川幹部にも連絡をしたが、誰一人対応してもらえない中、除名申請が来たとの話を聞き悔しさと怒りが込み上げた。

「除名にだけは絶対にさせる訳にはいかない‼」

再び畑、山崎に電話をかけるが、やはり出ない。職場に電話しても「席を外している」と告げられ、留守電に入れても折り返しの電話すらない。

滝川は、神奈川創価学会の最高責任者である杉山保に、4月24日の9時半ぐらいに電話をかけ、「中村さんの犯した行為は職員倫理規程違反として規律委員会にかけられるべきである」と必死に訴えた。しかし杉山は、「今は仕事をする時間だ。君は仕事をしていないことになる。業務と関係ない内容だからしっかり記録します」と脅しともとれる発言をしたのである。

九州にいた小平と四国にいた野口も貴子たちから話を聞き、怒りに体が震えた。私たちはそれぞれ学会本部の内部通報窓口である職員規律委員会に電話をかける。ところが、規律委員会事務局の石嶋職員局長の電話は、譴責処分以降、私たちの電話を着信拒否設定しており、一度も繋がらない。譴責処分の問い合わせではなく、会員が除名されそうになっていることを尋ねる電話だ。私たちからの電話というだけで一緒くたにされているかのようだ。

規律委員会委員長の長谷川重夫本部長に連絡し、やっとつながった。そこで神奈川幹部が一度も話を聞かずに会員たちを処分し続けている実状を伝え、一度会員たちの話を聞いてもらいたいと伝える。

しかし長谷川は会員たちから話を聞こうとはせず、私たちの電話に出ることもなくなった。誰一人として、会員たちへの不当な除名申請について報告を受け取る人間はいなかった。

しかし、それでも諦める訳にはいかない。会員が除名されてしまうのだから。

職員である中村の不祥事を職員規律委員会に報告するのは、内規に則った職員の義務だ。本部執行部の原田会長、正木理事長、谷川事務総長をはじめ、然るべき学会本部の最高幹部にも必死に電話をかけた。しかし、着信拒否のメッセージが空しく流れる。心が折れそうになった。

それでも何とか話を聞いてもらおうと、本部執行部の職場にも電話をかける。しかし、「ただいま会議のため席を外しています」「外出していて戻りません」と、決まり文句のように伝えられ一向に取り次いでもらえない。刻一刻と、時間が過ぎていった。着信拒否などの壁が高く立ち塞がり、一向に進めない。

とうとう5月14日付で貴子、木本、志田のもとに、創価学会神奈川県審査会から除名決定通知書が届いてしまう。一気に3名も除名したのだ。貴子は通知を握りしめ涙を流して「私が2人に相談したばっかりに除名にまでなってしまって……」と言った。

志田も涙をにじませ、「いや、貴ちゃんは絶対に悪くない。『聖教新聞』を1部減部しようとしたら拒否、そして『除名』だなんて、先生の世界でこんなことがあっていいはずがない。おかしい」と拳を固く握りしめた。

木本も唇を噛みしめ、「話を一度も聞いてもらえず除名申請され、信仰を奪うなんて。師匠に誓って絶対に間違ったことはしていない。だからこそ、ここで負けるわけにはいかない！」と声を震わせる。

私たちは話を聞きながら、申し訳ない思いと怒りで体が震えた。

原田会長宛の手紙

学会本部は、総力をあげて私たちを〝無視〟しているように思えた。

会員を犠牲にした不当な監査を了承した創価学会ナンバー1の原田会長は、私たちが原田会長に面談を求めた行為を懲罰にかけ、始末書を提出させる処分を下し、その後、私たちの手紙も電話も一切無視している。

さらに、私たちだけでなく中村から〝侮辱〟された会員たちが必死の叫びを綴った手紙さえも、全部無視し、会員たちは除名となったのである。やはり原田会長にあたるしかない。

私たちは原田会長に手紙を書くことを決意し、5月28日付で覚悟の思いを綴った。

〈原田会長、今回、「無実である」と訴え続けてきた地元総区の会員3名が、ついに「除名処分」になりました。本部職員の不当な会員弾圧は、ついに「除名」という、「師弟」を分断し、「信教の自由」を剥奪する行為にまで至ったのです〉

〈先生の弟子であるならば、「公平」であるべき創価学会の会長として、早急に会員の話を聞くべきである。会員から直接話を聞き、即刻、無実の会員の「除名処分」を撤回しなければならない。そして、話を一度も聞くことなく会員を除名にした人間を処罰しなければならない。会員の話を聞くことなく、私の要請を無視した場合、私は司法の場を使ってでも徹底的に戦うしかないと考えております〉

〈司法の場を使ってでも戦う〉。こんな覚悟を綴れば、さらに苦しい状況に追い込まれることは明らかだった。しかし、書かなければ会員は救えないと思った。無視を続ける原田会長が対応することはないと感じていたのだ。原田会長から返事が来ることを必死に祈り続けた。2週間が経ち、3週間経っても一切反応はなかった。その間、他の最高幹部たちに電話をかけるものの、みんな、原田会長に倣うかのように電話に出ることはなかった。

滝川は毎朝真剣に祈り勇気を奮い立たせ、神奈川文化会館の職員幹部に電話する。みんな、電話に出ない。着信拒否である。すると業務で滝川の職場に来ていた神奈川文化会館勤務の先輩職員が滝川にこう伝えた。

「滝川君の電話はすべて取り次がないように神奈川文化では徹底されてしまっている」

もはや組織立ったいじめではないか。滝川はあまりの悔しさに涙が出た。そうまでして中村の問題をひた隠しにする意味は何なのか。学会本部で感じてきた隠蔽体質を神奈川職員の中にも感じずにはいられなかった。

私たちは「これが最後」との思いで、一貫して無視を続ける原田会長に2012年8月11日付で手紙を送った。その手紙には、「8月中に無実の会員の『不当な除名処分の撤回』をしなければ、原田会長が会員への不当な除名処分を容認したと判断し、原田会長の除名をかけて闘う覚悟である」旨を綴った。

「会員の話を聞いていただけないなら、会長の除名をかけて闘う」

正直そんなことは無理だ。法的にも会長を除名にすることなどできはしない。しかし私たちはあえて書いた。どんな反応でも良い、懲罰でも良い、会員の無実を証明するために話を聞いてもらえる環境がほしいのだから。

すると再び懲罰委員会が動き始めた。私たちは、職場の上司から通知書を渡される。職員懲罰委員会からの呼び出しの通知書であった。

懲罰に掛けられるようなことはしていない。これまで散々、会員同志に支え抜いてもらった自分である。今こそ恩返しをする時だ。

迎えた8月31日、信濃町の世界青年会館で懲罰委員会の面談が行なわれた。前回の譴責処分の時にいた笠貫由美子委員に代わり、野元弘と寺崎広嗣が委員として入っていた。滝川の面談が始まる。

中央に座る中上委員長は淡々と『職員懲罰委員会の審議の対象となる言動とその経緯』という書面を読み上げていく。前回と同じく、「この場は事実確認のみ」と制限され、まったく弁明を述べる機会が与えられない面談だった。

その書面には、私たちが、監査の時から一貫して本部の決定に従わない「クレーマー」であり、「問題グループ」を組織しているかのようなストーリーが作られていたのである。

そして私たちが、貴子たちの会員除名問題に対し、本部執行部や職員規律委員会関係者に報告・相談するため連絡した行為は、「繰り返し面談を要求した」との一言でまとめられ、最高幹部に対する迷惑行為とされていた。思わず声を失う内容だった。

弁明書の提出を求められ、提出期日は9月14日とされる。私たちはこれまでの10年にわたる事実と経緯を全て書き出し、まとめ上げた弁明書は202頁にも及んだ。滝川は必死に書き綴った。

〈この12年間、自分の身を守ろうとすればいつでも自分を守ることが出来ました。しかし、私も職員です。師匠に人生を拾って頂いた本部職員です。

職員の使命は会員に尽くすことにあり、『会員を守ることが、私（師匠）を守ることになる』との師匠の言葉を実践し抜いて戦ってきました。

もちろん会員の行動に間違いがあるならば、その誤った会員に真実を伝えなければなりません。しかし、除名となった会員は間違いなく無実なのです。一切話を聞かれることなく『除名申請』が出され、『除名』となったのです。

もし『この無実の会員の必死の声に耳を傾け、話を聞くべきである』と対話をお願いする私の行為が、『懲罰に値する』とされるならば、その組織はあまりに対話なき組織であると言わざるを得ません。それは明らかに師匠に違背していると思うのです〉

〈どうかどうか師匠の弟子として、大聖人、そして三代の師匠が『正しい判断だ』と仰られる決断をお願い致します〉

そして１カ月後、あらためて私たち３人は懲罰委員会から呼び出された。第１章の冒頭にも記した通り、迎えた２０１２年10月12日、それぞれ個別に面談は行なわれ、中上から「懲戒解雇処分」が言い渡される。

その場で職員証と業務用に貸与されていた携帯電話が没収される。別室に案内されると、解雇のための手続き書類が一人ずつ用意されていた。わずか十数分で手続きが終了する。即日で創価学会職員ではなくなった私たちは、師匠との出会いを幾重にも刻んだ信濃町を後にする。

師匠がいるであろう学会本部を見つめながら思いを馳せた。「先生、会員も護れない自分をお許しください……」

小平の目から自然と涙が溢れた。

「今、13年半勤めた職員を解雇になりました。でも私は先生の弟子でありたいと願っています。不甲斐ない弟子だとお叱りを受けようとも、私は先生の弟子でありたいのです。先生のために生き抜きたいのです。先生の弟子であるために私は命ある限り闘い抜きます！」

小平は心で師匠へ思いを伝えると本部に深々と頭を下げた。その時、師匠にもらった言葉が蘇ってきた。

「あなたが納得して生きなさい！」

温かさに涙が出てくる。

小平は「先生、先生」と何度も呟いた。そして顔を上げ、涙を拭い師に誓ったのである。

「先生！　私は絶対に負けません！　創価学会のために、我が命を捧げ抜きます！　そして必ずこの場所に戻り、本部を変え、会員の無実を証明するまで断じて声を上げ抜くことをお誓い申し上げます！」

小平は意を決し本部を背にした。そして「勝つんだ！　勝つんだ！」と拳を握りしめ、大きな一歩を歩み始めた。


【注釈】

（※）難即安楽（なんそくあんらく）

迫害や苦難があればあるほど挑戦の心を燃やし、いよいよ喜び勇んで正しいことをやり通す中で、何があっても負けない強い自分自身を創ることができること。（野口記）

第5章──『週刊金曜日』編集部が著者に聞く

創価学会員への疑問

──第4章まではお三方が創価学会本部から懲戒解雇処分、そして除名処分を受けたことに対する闘いの過程を記していただきました。その中で、創価学会の権威主義化、官僚化が明らかになっていきました。第5章では創価学会の信者の方々の日常的な生活や、巷で噂されていることなどをざっくばらんに伺っていきます。

そもそも、お三方はどのような経緯で創価学会に入信されたのですか。

小平　私は、神奈川県川崎市中原区の創価学会員の両親のもとに生まれ、生後間もなく両親の意思で創価学会に入会しました。学会員の家に生まれ入会した子どもは「福子」と呼ばれるのですが、私たち3人はその「福子」です。我が家は同居の父方祖父母も創価学会員で、家族全員で創価学会の信仰を熱心に励む創価家族でした。一戸建ての我が家は創価学会の地元地域の活動拠点でもありました。熱心な活動家の方々が毎日のように訪問する快活で社交的な家庭環境で幼少期を過ごしました。

私自身、信仰実践を始めたのは幼稚園に入った頃でした。毎朝、御本尊様（信仰の対象）の前に正座をし、法華経（方便品、如来寿量品）の読経や南無妙法蓮華経の題目を唱えることを両親から教わりました。

小学生になると、月に一度、日曜日の朝10時から開催される地域の少年部員会（小学生対象の会合）にも参加するようになりました。当時、部員会と同時刻に放映されていた大好きなテレビアニメが見られなくなってしまうことが子ども心に残念だったことを覚えていますね。少年部担当の男子部のお兄さんが家まで迎えに来てくれ、一緒に20分ぐらいかけて部員会をやるお宅まで自転車で向かいました。部員会には20人くらいの子どもが来ていて隣の学区の子どもたちもいました。みんなで勤行・唱題をし、御書（日蓮大聖人の指南書）の一節を学び、創価学会の歌を合唱しました。最後にはゲームがあり、帰る時にお菓子をもらえることが嬉しかったのを覚えています。

野口　私は、創価学会員の母と共産党支持者であった父のもとに長男として生まれ、生後3カ月で創価学会に入会しました。毎日、『聖教新聞』と『しんぶん赤旗』が配達される我が家では、母が父の入会を必死に祈り続けながら、一人、信仰活動に励んでいました。

幼い私が発熱でひきつけを起こすと、母は毎晩のように家族が寝静まった隣で深々と題目を上げていました。私が3歳でひきつけを起こした時、「これで絶対に最後にする」と腹を決めて祈り、見事に完治したのです。この母の強き祈りの力を実感した父は、私が4歳の時に創価学会に入会し、家族全員が創価学会員として信仰を実践していくこととなります。

滝川　私は、川崎市内の創価学会員の父母のもと二男として生まれ、生後まもなく創価学会に入会しました。いわゆる学会2世です。父は地区幹事兼ブロック長、母は副ブロック担当員（現・副白ゆり長）という、最末端の会員一家でした。

――お三方とも創価学会を信仰する家庭に生まれたので、自然と創価学会に入っていったんですね。

小平　私の「秀一」という名前も、池田先生が付けて下さった名前です。「もし池田先生にお会いする機会があった時には、名前を付けていただいたお礼をちゃんと言うように」と言われて育ちました。

野口　よく父と母は、「裕介は池田先生の後継者として、将来、人の幸せを願い、人のために生きる創価学会のリーダーになるんだよ」と期待の言葉を掛けてくれました。私は、そうした両親の思いに応えようと、朝晩の勤行・唱題にも挑戦しましたね。地元組織では、月1回行なわれる地区座談会や少年部員会に積極的に参加し、小学校5年生の時には川崎市高津区の少年少女部の有志で構成される「希望合唱団」に入団しました。

滝川　私は、小学生、中学生になると毎週日曜日の朝から地域の軟式野球部で活動していました。そのため、同じ時間帯に行なわれていた創価学会の少年部員会や中等部員会（中学生対象の会合）などにはほとんど参加した記憶はありません。当時は月1回の地区座談会にたまに参加するくらいで、私は創価学会員であるとの自覚は乏しかったですね。

ただ、小学生の頃に2度救急車に運ばれる交通事故に遭ったことがありました。1度目は頭蓋骨にヒビ、2度目は額が凹む怪我を負いました。幸い命に別条はなく、2度九死に一生を得たことに、今では両親の信仰に守られたと感謝しています。

自分たちの中にあった「エリート意識」

——みなさんの中学と高校時代の生活はどのようなものでしたか？

小平　創価高校に合格した私は、川崎市の実家から1時間半かけて、東京の小平市にある高校に通いました。創価高校では、年に一度、創立者である池田先生をお迎えして「栄光祭」という行事が行なわれ、学園生は、「栄光祭までが栄光祭。栄光祭からが栄光祭」との合言葉のもと、準備していきました。

創価高校時代は、創立者である池田先生からたくさんの激励をいただきました。海外に行かれた際には、絵葉書やペンなどのお土産をいただき、夏の暑い日にはアイスクリームを振る舞っていただいたこともありました。

野口　私は、小学生、中学生と成長するにつれ、周りの創価学会の信心をしていない同級生たちとの違いを感じ、「自分は何のために信心をしているのか」と考えるようになりましたね。これといって信仰の確信となるような「題目（南無妙法蓮華経を唱えること）の功徳」を実感したこともなく、「信心しなくても生きていけるのに」と思ったりもしました。

そんな私が初めて題目の功徳を感じたのは、高校2年生の時です。陸上部の試合の前日、5000メートル走で自己ベストタイムを出したかった私は真剣に御本尊に祈りました。すると自分の中で、不安だった気持ちが「絶対にできる」という確信に変わり、不思議と全身に力が漲る感覚を覚えたんです。翌日、試合では見事に目標タイムを達成することができ、レースを終えた私は、「これが題目の力なんだ」と感動が込み上げました。

滝川　高校に入学すると、地域の高等部員会に参加しました。高校2年で、その地域の高等部の部長になり会合の企画や家庭訪問などの活動に励みました。高校3年で「部長」から「幹事」となり、高等部活動の前線から離れ、受験勉強に集中することになりました。

――大学時代はどのように過ごしたのですか?

小平　創価大学に入学すると同時に、地元川崎では川崎学生部に所属することになりました。大学3年の時には、学会本部の人材グループである学生部局員や池田学校に推薦され、選抜されました。局員や池田学校出身者の多くは本部職員として学会本部に就職する流れがありました。
大学4年の時には、創価大学の学内組織である「創大会」の委員長に任命されます。創大会は、東京、神奈川、埼玉、千葉の自宅から創価大学に通う創価学会員の通学生の集まりで、部員数は1000人を超えていました。ただ当時はまだ、部員名簿すら存在していなかったため、名簿を作成するところからのスタートで苦労した思い出があります。川崎創大会の責任者だった滝川清志さんとはこの頃から苦楽を共にし、創価をより良くしていくために闘い続けています。

滝川　受験勉強に励み、晴れて創価大学に進学することになった私は、自宅や電車やバスでの通学時間を使い、『小説　人間革命』を貪るように読みました。読む中で自分もこうした山本伸一青年のような師匠の理想に殉じていく清々しい生き方をしていきたいと強烈に思うようになり、池田大作先生を「師匠」と定めました。
所属していた川崎市の学生部の組織単位（部）は、行政区ごとに1つか2つに分かれていました。私の住んでいた川崎市多摩区の学生部は当初1つでしたが、学生部員が100名を大きく超えるようになっていったことから、その後2つに分かれて活動するようになりましたね。

――滝川さんは学生時代、周りの創価学会員ではない同年代の人たちと接して、ギャップを感じたそうですね。

滝川　ある時、地元の小中学校時代の友人たち10人くらいで集まる機会があり、それぞれの進学先や浪人していることなどの話になりました。私が創価大学に進学したことを話すと、その場の雰囲気が一変。「こいつ、やベーよ!」「創価だよ!」などの声が次々に上がり、集中砲火を浴びました。私は必死に自分が見て感じてきた創価学会の姿と内実を語り、人間が生き方の根本にしているのが宗教であることなどを語りましたが、語っても語っても、創価学会に対する先入観と偏見はぬぐえません。悔しい思いをしました。ただ、もう一方で、人間としての根幹の部分の話ができたことに充実感を覚える自分もいました。その時批判してきた友人は今でも繋がりがありますよ。
その後、高校時代の友人と語らう機会があったのですが、その友人が「心に響く言葉がある。山本伸一という人の言葉だ。でも調べても出てこないんだ。知らないか？」と質問してきたんです。驚きましたね。それは私が師匠と定めた池田先生のことでしたから。その友人も驚いて、それがきっかけで彼はその後創価学会に入会することになりました。

――その後の学生生活はどうでしたか？

滝川　大学2年次には、創価大学の通学生の会である創大会にも所属し、川崎市内のたくさんの創価大学生と絆を深めることになりました。その中には、小平さんや木本秀信さん、茨城（仮名）さんもいました。大学3年次の終わりに川崎市多摩区学生部の部長に任命されました。
将来は教育者になろうと決めていたのですが、あるとき地元学生部の4つ上の本部職員から突然呼ばれて会いに行くと、創価学会職員の採用試験を受けてみてはどうかと伝えられました。悩みましたね。実際、職員が何をしているのかよく分かりませんでしたから。ただ、会員に尽くすのが職員の使命だという話が心に残りました。自分の将来に悩み祈る中で、自分がなぜ教育者を目指そうとしたのか振り返り、人間の為に生き、尽くし抜くことを使命とする創価学会職員の採用試験を受ける決意をしました。その後、数回の試験、面接を経て、2000年4月、本部職員として採用されたのです。

――野口さんはどうですか？

野口　東海大学工学部建築学科に入学した私は、地元の川崎市高津区で創価学会学生部のメンバーとして活動するようになります。最初に出会った学生部の先輩が、当時班長（現・ビクトリーリーダー）の福岡大祐さんでした。学生部の会合は、毎週木曜の夜（部拠点）と日曜の朝（唱題会）に行なわれます。『聖教新聞』に掲載される池田先生のスピーチなどを読み合わせ、一人ひとりが感想を述べながら、師匠の思想と精神を学び合いました。また、福岡さんが薦めてくれた『小説・人間革命』を、大学1年生の期間に全12巻学び、はじめて創価学会の歴史と学会を築かれた池田先生の行動を知りました。

大学2年生の時、首都圏学生部の中から約150名が選抜される「誓城会」という人材グループに入り、1年間の薫陶を受けさせてもらいました。学会本部のある信濃町の「接遇センター」に月1回ほど整理役員として着任し、「会員の方々をお迎えする側に立ち池田先生の会員奉仕の精神を学ぶ」訓練の場です。

私が通った東海大学は、創立者松前重義がモスクワ大学から名誉博士号を授与された著名な工学博士であり、モスクワ大学との交換留学が盛んに行なわれてきた歴史があります。そして歴代のロシア留学生との友好を築いてきたのが、東海大学の創価学会学生部メンバーの集いである「第三文明研究会」です。創価学会学生部には、「地元組織」とは別に各大学の「学内組織」があり、それぞれのキャンパスでサークルの認可を得るなどして「平和・教育・文化」活動に取り組んでいます。

私たち「第三文明研究会」のメンバーには師匠との深き縁があります。それは、師匠が日本の私立大学の中で唯一、東海大学湘南キャンパスに公式訪問されたという不滅の原点です。師匠が湘南キャンパスに贈られた桜の苗木200本が、毎年立派に春爛漫と咲き誇っています。私は東海大学の学内広布（創価の平和思想を弘めること）を、自身の学生時代の一つの目標に掲げました。

4年生のとき、神奈川創価学会の学生部長（本部職員）から、「学内で活躍する野口君を本部職員に推薦しようと思う。野口君、受験してみないか」との話をされました。当時、大学の建築学科で学んでいた私は、思いも寄らない進路に一瞬戸惑いました。しかし、創価の庭でたくさんの学会員のお陰で育ち、師匠に命を捧げ抜くと誓った自分には、創価学会のために尽くさせていただく人生が最大の御恩返しになると思えたんです。こうして私は本部職員を受験し、採用されました。

――本部職員の仕事はどのようなものでしたか？

小平　新卒で学会本部に採用され、最初に配属された部署は池田先生の執務を担当する会員奉仕局という中枢の部局でした。先生からも会員奉仕局の仕事は、「帝王学である」との指導があるなど、将来の創価学会を担うリーダーとして期待された人材の登竜門的職場です。

主な業務は池田先生の指示の下、先生の書籍や先生が詠まれた和歌が印字された和紙などに、先生の印鑑（池田大作）や、「創価栄光」「勇猛精進」等の文字の印鑑、また学会の記念日の日付印（2002・11・18など）を先生の名代として押印させていただくという作業でした。多い時は一日3000冊（枚）以上を一人で押させていただくこともありました。

池田先生は年中無休で全国を飛び回られ、ありとあらゆる会員を激励されていました。会員奉仕局の業務は池田先生の指示で発生するため、会員奉仕局の職員は1年の約半分ぐらいは誰かが先生に随行して各地方に出張しているといった体制でした。私も沖縄、関西、神奈川、長野、群馬、山梨など、各地に随行させていただきました。

入職当初より、会員奉仕局の兄弟部局である第一庶務局の京藤国威局長からは、「会員奉仕局の仕事は、月月火水木金金二十四時間艦隊勤務である（休日である土日が月・金と表現されており、つまり休日はないという意味）」と指導されていました。現に職員1年目は7月まで一日も休みがなかったですね。朝は8時前には出勤し、夜は帰宅が23時を回る日がほとんどといった生活でした。年間通しても休みは15日間ぐらいです。会員奉仕局は年中多忙で、特に若手は先輩より先に帰ることができず、ほぼ毎日閉局（先生が就寝される時間）まで職場に残る風土がありました。

池田先生は毎朝、会員奉仕局と第一庶務局の職場の中庭であるライオン広場（当時）でラジオ体操をされるのが日課でした。40代の時に一度お体を壊され入院されて以来、欠かさず続けておられました。

晴れた日には、会員奉仕局の若手職員、大城会（青年部職員による会員奉仕局の手伝いグループ）で出勤した青年部職員、学生アルバイトで集う池田学校の学生部員が、池田先生と一緒にラジオ体操をさせていただきました。

体操が終わると、先生が「皆にかっぱ海老せんをあげて」と言われる時があって。すると、私たち会員奉仕局の職員が倉庫からかっぱ海老せんを出し、ラジオ体操参加者に配りましたね。

滝川　私も小平さんと同じく、最初に配属されたのは会員奉仕局でした。先輩からは、「会員奉仕局では『仕事』が『学会活動』だ」と言われ、1年目は季節を感じる暇もないほどめまぐるしく、朝6時半に出勤し、夜23時過ぎに帰宅するという日々でした。

そんな業務多忙の中、出張先の東京牧口記念会館での仕事中に、池田先生から「今日は満月だから、みなで詩をつくってはどうか」との話をいただいたことがありました。出張者それぞれが短歌をつくり、先生に提出しました。私も外に出て満月を見上げながら一首作りました。その時、ふと仕事だけの心が狭い人間になってはいけないと思いました。また本部での仕事中に、先生が自らピアノを弾いて本部の全館放送で演奏を流して下さったことも度々ありました。

野口　2002年4月、本部職員として入職し本部管理局管理部という部署に配属となりました。当時は学会本部の2階に管理局があり、3階には池田先生が執務される師弟会館がありました。私は、池田先生に全国の会員の方々から送られてくるお届け物を受け入れ管理する仕事や、新築会館に池田先生が撮影された写真額を取り付ける作業に従事していました。当時の私は、学会本部の方針や組織の秩序を最優先に考える典型的な本部職員で、師匠の近くで働ける環境に充実感を覚えていました。

ところが地元学生部の会員同志とともに切磋琢磨していく中で、徐々に本部職員特有の「役職や立場で人を見るような感覚」や、「師匠に近い存在だと錯覚する特別意識」が、自分の中にもあると自覚していきました。

ある時、仕事で半月ほど組織活動に参加できない時がありました。それでも、久しぶりに現場組織に出ても当然のように振る舞い、学生部幹部として指導する自分がいたんです。福岡さんが懸命に真心を伝えてくれて、そんな自分に気付くことができました。

――本部職員でいると、エリート意識が芽生えるのでしょうか。

小平　私の場合、現場の組織では本部職員ということで役職はどんどん上がっていきました。

職員2年目の時には、中原区から派遣で川崎南部地域（川崎区、幸区）の学生部長に任命されました。この時、共に派遣で県幹部となったのが一つ年上の福岡さんでした。当時の自分は、創価一貫教育で育ち、また池田学校、会員奉仕局と歩み、「創価エリート」だと勘違いしていました。そのため、他者を常に自分より上の人間か、下の人間かで見てしまっていました。しかし、福岡さんをはじめとする同志のおかげで、自分を少しずつ変革させていくことができました。

職員3年目になると、川崎市全体の学生部の責任者である川崎総県学生部長の任を拝しました。書記長には村上光明さんが、副書記長には福岡さんが任命されました。3人は団結して師匠の仰せ通りの川崎学生部を作ろうと決意し、奔走しました。また、各分県の長に、本部職員の滝川さん、野口さん、茨城さんが就く体制となり、「折伏で一人ひとりが納得のいく結果を出して、師匠・池田先生にお応えしていこう!」と決意していた中、突然、川崎学生部を卒業となる人事が内示されたのです。

さまざまな困難を乗り越えてきた滝川母

——滝川さんのお母様は今現在もつねに滝川さんを支えてくださっているそうですね。どのようなお母様ですか?

滝川　母は、創価学会に入会して50年の一婦人部員であり、入会当初は両親の大反対に遭いながらも必死に信仰を磨きました。看護師として働きながら私と年子の兄の2人の息子を育ててくれた人です。

母は2003年9月、スキルス性の乳がんと宣告され、担当医から「末期直前でリンパ節にもガチガチに転移している。年内持つかどうか」と告げられました。突然、突きつけられた余命3カ月。現役の看護師であった母はそれがどれほど厳しい病状であるかを誰よりも理解していたんです。遺書を書き、必死に祈り続ける中、「残りの人生を、師匠のおっしゃるとおりに生き抜こう。それが一番後悔のない、自分が納得できる人生だ」と思ったそうです。

翌年2月、母は乳がんの全摘手術を受けました。手術前後に合計8クールもの強烈な抗がん剤との闘いを経て、長く過酷な闘病生活が始まりました。手術は奇跡的に成功したけれど、医師からは「残念ですが、がん細胞はすでに全身に散らばっています」と言われました。いつ再発するか分からない状態です。でも、母は絶対に勝つと決めたのです。

――滝川さんが監査にかけられたとき、お母様はどう思われたのでしょうか。

滝川　母にとっては、さらなる試練でした。息子の私が学会本部に呼び出され、本部指導監査委員会の監査に掛けられることを知ったとき、地元組織の幹部が自宅を訪れました。そして、母に「息子さんたちの問題は詳しくは分からないが、会長の決めたことに従うように息子さんを説得してほしい」と伝えたのです。

母は幹部の話を聞きながら「解任されるほどの重大な問題にもかかわらず、幹部が『私たちも詳しくは分からない』と言う。そんな無責任なことがあるか」と思ったようです。私の闘いを見てくれていた母です。一方、私を説得することを断れば、これから起こるであろう「難」は容易に想像できました。それでも母は苦難の人生を選び、説得を断りました。第2章にも記したとおり、誓約書に署名しなかった私は学会活動を謹慎処分、全役職解任処分となりました。

すると、小島正敬総区長たち3名の幹部がまた我が家を訪れ、母に「息子さんの事を組織に一切話してはならない。聞かれても答えてはならない」と伝えてきました。それ以後、母に対して組織からの連絡はほとんどなくなりました。そして母は、地元の幹部から、「清志君は『会長の指導に従わなかったから処分された』と聞いた」と聞かされたのです。

――そんな中、お母様は創価学会本部の幹部にお手紙を書かれたそうですね。

滝川　はい。原田会長に「解任を決めた理由を説明してほしい」「一度話をさせて頂きたい」と手紙を書きました。しかし、返答はありません。そこで長谷川副理事長（現・理事長）や池田尊弘局次長、高柳洋子総合婦人部長にも手紙を書きました。これらの返事もいまだにありません。

２０１１年６月、母は、本部職員の杉山保総神奈川長と山崎一久総県長と話す機会を作ることができました。その際、２人に原田会長への言づてとして「会長が息子たちの解任を決めた理由を説明していただきたい」とお願いしたんです。すると杉山総神奈川長は顔色を変えて、「会長は偉い人なんです！　わかりますか！」と言ったそうですが、母はとっさに「そうは思いません！」と答えました。その言葉に、杉山総神奈川長は絶句し、青ざめたように見えたといいます。

母は、私たちが学会本部の中で向き合っていた、権威化した「対話なき学会本部」の実態を肌身で実感したと言って、あらためてこう決意をしていました。「私は生きて生きて、闘って闘って、『青年達のすべての大勝利を見届けるまでは死ぬものか!!』」と。

翌２０１２年10月、私が学会本部から懲戒解雇を受けると、母はさらに組織から距離を置かれ、経済的にも厳しい状況となりました。

――お父様はどのような反応でしたか？

滝川　父と母は、人生の苦闘を乗り越えてきた戦友でした。けれど、次々と襲いかかる「難」に父の心に変化が起き、「諦め」を口にしはじめました。そして「諦めない」息子たちを「動いても変わらない」と非難しはじめたのです。母は、何度も父と話し合いました。しかし、父はついにその母をも「こいつ（母）には何もしてもらったことはない。今後も何もしてもらおうとは思わない」と批判するようになってしまいます。

こうして母は、37年間共に生きてきた父と離婚を決断しました。私は母に巻き込んでしまった申し訳ない気持ちを伝えたことがあるんです。そのとき母は「私とお父さんのことです。成人した清志には関係ない！私は私が正しいと思うことをしています。清志は清志の闘いを先生の仰せ通り、最後の最後までやり抜きなさい!!」と言いました。一番辛いのは母なのに、強き言葉と真心に、あんなに涙が出たことはありません。

――3人が創価学会から除名されてからはどうでしたか？

滝川　私たちの除名処分が決定しても、母は原田会長に必死に手紙を書き続けました。しかし、原田会長から返事はありません。

そして、2015年1月、なんと母に乳がんの全身への骨転移が発覚するのです。一番恐れていた再発でした。担当医は、余命について明言を避けました。しかし、スキルス性の場合の症例を調べるとほとんどが3カ月以内に亡くなっています。2004年2月の最初の手術から11年が経っていました。それ自体が奇跡で功徳以外にないと思っています。

――すぐに治療を開始したそうですね。

滝川　はい。そうしたら次に迎えた診察日、担当医が検査結果を見ながら興奮していました。なんと劇的に腫瘍マーカーを含め30項目全ての数値が下がり、骨転移した箇所にも改善が見られたのです。

その1カ月後の診察日、CTと骨シンチの結果を聞きに行きました。医師は「滝川さん、全身の癌は全部跡形もなく消えています。すごい！　本当にすごい！　すごいよ、滝川さん！」と立って、2人でガッチリ握手しました。

一方、手紙を書き続ける母に、組織の処分の手が近づいていきました。会長への7通目の手紙を出してから3カ月後の7月23日、突然母に、会ったことも話したこともない本部職員の若浜利一総区長から電話がありました。8月2日、指定された地元の会館に行くと、若浜総区長の他に、本部職員の牧野克隆総区書記長や小林ゆり子総区総合婦人部長がいました。3人に囲まれ面談が始まります。

若浜総区長は「除名者と勤行をしているのではないか。除名された人は、学会から、『あなたたちは学会に迷惑をかけたので、学会を除名します』と、そういうふうにされた方です。そういう方たちと、一緒に信仰活動するっていうのは、これは問題がある」と言ったそうです。母は「自分が見てきた青年たちは除名されるようなことをしたとは考えられない。一度話を聞くべきではないですか」と答えました。すると若浜総区長たち3名の幹部は、誰一人、除名になった青年たちと直接話をしたことがないと平然と語ったというのです。母は、「会ってもいないのに除名っていうのはおかしい!」と必死に訴えました。しかし、若浜総区長たちはそれには答えません。そればかりか牧野総区書記長は、「学会の正式な機関が決めた除名は間違ってますか！　間違ってますか！」と10回以上も繰り返し詰問してきました。

私が解雇になって以降、母は、原田会長に12通にわたる手紙を書いています。会長からの返答は一度もありませんが、母の祈りと決意は深いんです。私は母に、感謝してもしきれません。この母から生まれることができたことが私の最大の誉れです。

創価学会にまつわる〝噂〟

――話は大きく変わりますが、ここからは創価学会にまつわるさまざまな「噂」についてお三方にお尋ねしていきたいと思います。

『聖教新聞』の公称部数（約550万部）が多いのは、学会員が複数購読しているからだという「噂」が絶えません。この本でも家庭で購読する『聖教新聞』の部数を減らしたことで学会幹部から〝批判〟される描写が出てきます。『聖教新聞』は、できるかぎり2部以上購入するよう暗黙のルールがあるのでしょうか。

野口　『聖教新聞』の公称部数が多いのは、一家で2部以上購入するよう暗黙のルールがあるわけではなく、活動家一人ひとりが信仰を学ぶために「自分用の聖教新聞」を1部購読する「マイ聖教運動」というものがあるからだと思います。実際、私が実家に住んでいた時には家族4人が一人1部購読し、それ以外に友人への贈呈用として1部取っていたので、あわせて5部購入していました。

また知り合いの学会員の中には、『新・人間革命』や池田先生の指導を切り抜いてスクラップにして研鑽するために一人で2部以上購読している人もいました。もちろん、本来、『聖教新聞』を購読することも、止めることも自由です。それにもかかわらず、減部を拒否したのがこの本に書いた事件でした。

――創価学会員の家庭なら、池田先生の著書は必ず揃えているのでしょうか。買う書店は決まっていますか。

野口　私が知る限りの学会員の家庭には、池田先生の著書は必ずありました。著作数が多いため、どれだけ揃えているかは各家庭の事情によると思いますが……。ちなみに、私の両親は、池田先生の著作が収録される『池田大作全集』を、「次の世代のために」と昔から発刊されるたびに買い揃えていました。各地区には書籍の担当者がいて、『池田大作全集』や『新・人間革命』などの新しい本が発刊されると、購入を希望する方々から注文数を取りまとめます。そして近所の本屋に注文し、一括購入した書籍を配達するという役割です。そういった意味では、地元の本屋で買っていたと思いますが、毎回同じ本屋なのかまでは分かりません。

最近では、「ＳＯＫＡオンラインストア」などネット販売もありますので、個々人で買う人もいるでしょう。あと学会本部に来られる学会員の中には、信濃町にある「博文堂書店」や「聖教新聞社出版センター」が、池田先生の著作を多く取り揃えているので、そこで買う人は多いと思います。

――学会員は他の仏教宗派より高い仏壇を買っていると聞きますが、みなさんも買われていますか。知り合いの会員の方は、経済的な余裕はないけれど、何百万もする仏壇を買っていました。もちろん信仰が大切なのはわかりますが、どう思っていらっしゃいますか。

野口　まず他宗派の仏壇については価格相場を知りませんので比較はできません。ただ我が家の仏壇は、私が一人暮らしの時から使用している小さくて安いものです。信仰は仏壇の大きさや値段の高さで左右されるものではないと思っていますので。私の実家には、両親が「地域の学会員の方々に会合の会場として使ってもらいたい」との思いで購入した、100万前後の仏壇がありました。また、学会員の中には自宅を「個人会館」として会合の会場に提供される方がいて、立派な数百万の仏壇があるのは見たことがあります。だいたい高さ約2メートル、奥行き約80センチ、横幅約160センチだったと思います。

――創価学会の人たちは互助性が強いと聞きます。〝学会系企業〟と言われている会社もあります。たとえば「電気製品を購入するならA店で」というように、「この品物はここで購入するように」という暗黙のルールのようなものがあるのでしょうか。

野口　そういった暗黙のルールはないと思いますよ。少なくとも私は聞いたことがありません。たとえば電気製品であれば、やっぱり1円でも安くて良いものを買いたいですよね。今はネット購入の時代ですから、「最安値」で買えるお店を追求しています（笑）。ただ、「互助性」といいますか、「どうせ同じものを同じ値段で買うなら、知り合いの学会員のところで買おうかな」といった感情であれば、普通にあるのではないでしょうか。

――〝学会系企業〟とまでは言わなくても、創価学会の人が多く就職する企業はあるのですか。

野口　さすがに大企業では聞いたことはありませんが、地域に根差す中小企業であれば、創価学会の人が多く就職する会社があるのは知っています。実際に私の父が勤める会社もそうですが、学会員の社長が、就職に悩んでいる青年部の面倒を見たり、知り合いの学会員から紹介された学会員を雇ったりするケースはよく目にします。創価学会では、創価学会員を「創価家族」と呼んでいますが、信仰や志が同じということで、無条件に信頼感、安心感はあるのだと思います。

あとは同僚を折伏して学会員が増える、というケースもあると思います。

――創価学会に入っている芸能界やスポーツ界の人が誰なのか、という

ことは会員の人たちならばわかるものなのですか。そういう人たちを応援しようという気風は強いでしょうか。

小平　『聖教新聞』や学会系の出版物・ＤＶＤなどに登場し、信仰体験などを語られる芸能人の方やスポーツ選手は多いので、それで知り得ている学会員はいると思います。個人的には、同じ信仰をし、同じ目的観で生きているという「同志の意識」があるからでしょうか、学会員の芸能人やスポーツ選手には頑張ってほしいとの思いはあります。

――知り合いの学会員は、創価学会員の俳優が出ているドラマは欠かさず見ています。大多数の学会員もそうなのでしょうか。

滝川　大多数の学会員がそうなのかは分かりません。少なくとも私の周りには特にそうした方はいなかったもので。個人的には出演俳優が学会員ということで親近感を持つことはあります。

創価学会員は選挙をどのように捉えてる？

――創価高校や創価大学に通っている学生はみんな創価学会の会員なのでしょうか。そうではない学生もいますか。教員や職員の人たちはどうなのでしょうか。

小平　自分は創価高校と創価大学の卒業生ですが、学会員が多いことは事実ですが、学会員でない学生や教員ももちろんいました。

特に創価大学は学部も充実していますし、国家試験や教員採用試験の合格の実績も多くあるので、学会員でない学生や教授も多かったです。

――創価大学の学生は司法関係やメディア関係に就職する人や、外交官

になる人が多いですね。公認会計士も多いです。大学として、これらを目指すよう指導があるのでしょうか。それとも、自然と学生たちが目指すのでしょうか。

滝川　大学としてのそうした指導があるとの話は聞いたことがありません。

　創価大学の創立者である池田先生が、高校生に向けて、「大学は、大学に行けなかった人々のためにこそある」と著書『青春対話』で語られており、そうした池田先生の思想に共鳴し、社会貢献、社会正義の実現などの目的意識を持って入学する人が多い実態はあると思います。だから、「司法関係やメディア関係、外交官、公認会計士などを目指す人が多いのかもしれませんね。私の場合は、教員になることを目指して創価大学を受験し、入学しました。

――創価学会の会員は選挙活動に熱心だと聞きます。「創価学会員であ

れば公明党に投票する」ということは学会員にとって常識になっているのですか。

滝川　学会員が選挙に熱心なのは、信仰している日蓮大聖人の仏法の考え方の中に、「世界のすべての国が栄え、それぞれの国の社会の繁栄と個人の幸福とが一致する」という原理があるからです。栄える国とその犠牲になる国があったり、国や社会は繁栄しても、民衆は不幸であったりする現実の課題を打破するために、仏法の生命尊厳と慈悲の哲理を政治に反映させ、人類の幸福を目指すことを創価学会では社会的使命の一つであるとしています。

また、公明党は師匠池田先生が創られた政党です。ゆえに、多くの会員は、公明党の議員は師匠の精神に基づいて、「大衆とともに語り、大衆とともに戦い、大衆の中に死んでいく」との精神で、政界で活躍してくれると固く信じています。私が触れてきた活動家のほぼ100%の方が公明党を支援していました。

ただ現在は、公明党が安保法制を容認し、池田先生の「絶対平和」「非暴力」の思想と明らかに真逆の方向に進んでいるため、公明党を支援することに躊躇する学会員は増えていると思います。

――創価学会員の人たちは周囲にも「公明党に投票してほしい」と強く働きかけると聞きます。具体的にはどのように呼びかけるのですか。ノルマのようなものはあるのでしょうか。

滝川　先ほどの質問で述べましたように、「仏法の正しい思想をもった政治家が政界で活躍することで、社会の繁栄と国民の幸福を実現していく」という理念から、多くの活動家の方は友人にも公明党への支援のお願いをします。

私の場合、周りの友人は納得してから支援したいという方が多かったので、私も真剣に公明党の政策を勉強し、それぞれの友人に合った話を語りました。たとえば、お子さんを抱えた女性であれば、子ども手当の話をしたり、就職前の学生に対してであれば、ジョブカフェの話をしたりしました。多くの友人が「君が言うなら」と言って支援してくれました。ノルマの話ですが、それはありません。ノルマで人間は動かないと思います。みな、おのおの自分が納得して支援活動をしていました。私が活動していた組織では、一人ひとりが自分で目標を立てて支援活動をしていました。

幹部であれば、自分が任された組織の数値目標を立てますが、どこまでもそれを会員に押し付けるのではなく、一人ひとりが納得して取り組めるように心を砕いてやっていくことが大事だと学んできました。

――今の公明党は自公政権として、自民党と連立を組んでいます。自民党は創価学会票もかなり頼りにしていると言われています。たとえば、総選挙では「選挙区は自民党に、比例は公明党に」ということが徹底されるのでしょうか。

滝川　今はどうなのかは、私は除名され学会員ではないので正確には分かりません。ただ私が学会員だったときはそうした徹底は実際ありました。

先に述べましたように、立党精神に生きようとする同志が自分達の代表として政界に出てくれているとの気持ちがあるため、学会員は全面的に公明議員を信じている実態があると思います。ですので、自民党と連立を組むことになっても、「選挙区は自民党」と選挙協力が徹底されても、「優秀な同志の代表が国民の幸福のために政策を実現しようと考えてくれたことだから、深い意味がある」と信じ自民党に投票する会員は多いと思います。

――創価学会は共産党を敵視していると聞きます。創価学会は、共産党をどのように見ているのですか。

野口　私は特に「創価学会が共産党を『敵視』している」との話を聞

いたことはありません。個人的に見ても、創価学会が格別共産党を「敵視」しているということはないと思います。間違った批判が行なわれれば、それに対して「間違っている」と言うことはあるのだと思いますが、それは共産党に対してだけに限った話ではないと思います。

私事になりますが、私の父は創価学会に入会する以前に共産党を支持していましたので、父に「共産党の何に惹かれたのか」と尋ねたことがあります。父は、実妹が身体障がいを抱えていたこともあり、「社会的弱者に手厚い」「労働者層や貧困層の人への面倒見が良い」と言っていました。

支え合いの考え方に共感していた父は、「貧乏人と病人の集まり」と揶揄されていた創価学会の信仰に対しても偏見がなく、結婚後に「自他共の幸福」を目指して信仰を始めたと言っていました。

創価学会員といっても、いろいろな方がおり、共産党への見方もそれぞれだと思います。民衆の目線で物事を見て考えることができるという点は、創価学会と共産党に共通する普遍的で重要な視座だと思っていいます。

――政教分離について考えをお聞かせください。

小平　政教分離の原則は、憲法20条1項後段、3項、および89条に規定されていますが、これは国家の宗教的中立性を確保しようとしたものだと思います。ここで規制対象としているのは「国家権力」であり、宗教団体の政治活動を禁止しているわけではなく、特定宗派が特定の政党を支援することはもちろん自由です。

公明党と創価学会との関係について政教分離原則に違反しているという見方がありますが、これは間違いだと思っています。

原田会長の言葉にあらためて感じること

――創価学会を批判した人は仏敵とされ、『聖教新聞』や『第三文明』

などで徹底的に批判されます。宗教として敵を作ることについて、どう思いますか。

滝川　「創価学会を批判した人は仏敵とされ、『聖教新聞』や『第三文明』などで徹底的に批判される」との点は誤解があると思います。批判には、善意のものと悪意のものがあり、事実に基づかず、嘘を前提とした悪意の批判などに対しては、会として毅然とした対処を行なうことは当然だと思います。また、それが悪質なものであれば、会として徹底して闘うことも当然ではないでしょうか。

仏法では「善悪不二」という考え方があり、すべての人間の生命には、潜在的に「善悪」の両面が具わり、縁に触れて善にも悪にも転じると教えられています。師匠は、「自他ともに、内なる『悪』の発現を抑え、『善』を薫発してゆく、生命の錬磨作業こそ、創造的な『対話』の真骨頂である」と言われています。師匠の思想は、対話を基軸として、すべての人間の幸福を目指していこうとするものです。

――お三方にとって、池田名誉会長は「師匠」です。ただ、「師匠」ではあるけれど、ある意味で創価学会が「池田大作」という存在を〝神格化〟しているようにも見えるのです。「池田大作」という個人に対する崇拝について、どのように考えていらっしゃいますか。

3人　現在の学会本部が、池田先生を「神格化」している実態があるという指摘はその通りだと思います。私たちはここに創価が抱える大きな問題があると思っています。しかし、池田先生の「神格化」の本質は、師匠への尊敬などではなく、単に自分達（本部執行部）の権威権力を護り、やりたいようにやるための道具として使う「師匠利用」です。

神格化された師匠は聖教新聞で大々的に掲載され、まるでご健在であるかのように作出されている。そして、「お元気な池田先生は安保法制について反対していない」と見せかけ、安保法制を容認してしまった。

インドで仏教が滅んだ原因は、弟子たちが人間である釈尊を「神格化」

し、民衆（人間）から乖離した特別な存在に仕立て上げてしまったことにあると言われています。「釈尊は特別な存在なのだ。だから、釈尊と同じことをやることは無理だ。釈尊の言うことは理想論だ」と。これと同じことが今創価学会で起こっているように感じるのです。

また、池田先生が「学会員から尊敬されていること」と「個人崇拝」とは違います。創価学会は、どこまでも「法（南無妙法蓮華経）」が根本であり、師匠はその「法」を弟子に伝授する指導者です。学問の世界であれ、武道の世界であれ、「師匠」への敬慕の念は、「弟子」として普通の感情ではないでしょうか。そして偉大な人間であればあるほど、多くの民衆から支持され、深く尊敬されることは普通のことだと思います。

――『朝日新聞』2016年9月22日付に、原田稔会長へのインタビュー記事が掲載されていました。池田名誉会長について「元気にしておりますよ」「執筆活動などに専念しています」などと述べていますが、みなさんはこの記事についてどう思いましたか。

3人　私たちは池田先生の現在の正確な健康状態を知りうる立場にはありません。しかし、先生の健康状態がいかなる状況であれ、今弟子が声を上げなければ創価学会の精神は護れない危機的状況にあると思っています。

今般の安保法制を見るに、その奥底には他者への不信感を土台とした抑止力強化という思想・目的が脈打っています。これはこれまで池田先生が築かれてきた生命尊厳を基軸とする「絶対平和」「非暴力」の思想とは明らかに真逆なのです。

また、安保法制は「違憲である」「違憲の部分がある」と9割の憲法学者が言っています。憲法は「国民のために、国民の権利・自由を国家権力から守るため」にある。「憲法が国家の権力を縛るもの」というのが立憲主義の原則です。そうした「憲法」の解釈を、自公政権は一内閣だけで変えてしまった。国民一人ひとりに信を問う憲法改正手続きをせずに、これまで積み上げてきた憲法9条の解釈を一内閣だけで変え、そして立法作業まで強行してしまったのです。この時、国の根幹である立憲主義が破壊されてしまったのです。

創価学会の初代会長である牧口常三郎先生は、戦争を進める軍部権力に抵抗し、獄死しました。つまり、国家権力によって殺されたのです。ゆえに、池田先生は「心して政治を監視せよ」との戸田城聖先生の言葉をことあるごとに引かれ、国民を手段とする「権力の魔性」とは徹底して闘うことを教えてくださっています。その師匠が、こうした自公政権の姿勢に対し全く声を上げげない。そんなはずがないと思っています。

こうした状況から考えても、私たちは現在の師匠は重大な判断ができない状態にあると考えています。

師匠が執筆活動をされるほどご健在であるとアピールすることで、師匠が学会本部執行部の判断や方針をすべて容認していると会員に思わせようとしているように感じます。

(聞き手:『週刊金曜日』編集部)

野口裕介（のぐち ゆうすけ）
1978年12月、神奈川県川崎市生まれ。2002年3月、東海大学を卒業。
2002年4月、宗教法人創価学会に入職。2012年10月、宗教法人創価学会を懲戒解雇。2014年6月、創価学会を除名。

滝川清志（たきがわ きよし）
1978年3月、神奈川県川崎市生まれ。2000年3月、創価大学を卒業。
2000年4月、宗教法人創価学会に入職。2012年10月、宗教法人創価学会を懲戒解雇。2014年6月、創価学会を除名。

小平秀一（こだいら しゅういち）
1977年2月、神奈川県川崎市生まれ。1995年3月、創価高校を卒業。
1999年3月、創価大学を卒業。1999年4月、宗教法人創価学会に入職。
2012年10月、宗教法人創価学会を懲戒解雇。2014年6月、創価学会を除名。

『元創価学会職員３名のブログ』
http://harunokoime20150831.blog.fc2.com/
創価学会職員であった著者の３名が、「創価を護りたい！」との思いで開設したブログ。学会本部を変革するために、自分達が本部の中で体験してきた出来事をもとに本部の隠蔽体質や官僚主義化、権威主義化した実態を書き綴り、現在、取り組んでいるサイレントアピールや座談会の告知も行なっている。

実名告発　創価学会

2016年11月18日　初版発行

著　者　野口裕介、滝川清志、小平秀一
発行人　北村　肇
発行所　株式会社金曜日
〒101-0051　東京都千代田区神田神保町2-23　アセンド神保町3階
URL　http://www.kinyobi.co.jp/
（業務部）03-3221-8521 FAX 03-3221-8522
Mail　gyomubu@kinyobi.co.jp
（編集部）03-3221-8527 FAX 03-3221-8532
Mail　henshubu@kinyobi.co.jp
印刷・製本　精文堂印刷株式会社

価格はカバーに表示してあります。
落丁・乱丁はお取り替えいたします。

ISBN978-4-86572-015-0　C0036